문제보다
해법이 **많다**

문제보다 해법이 많다

우간린 吳甘霖 지음 | 류방승 옮김

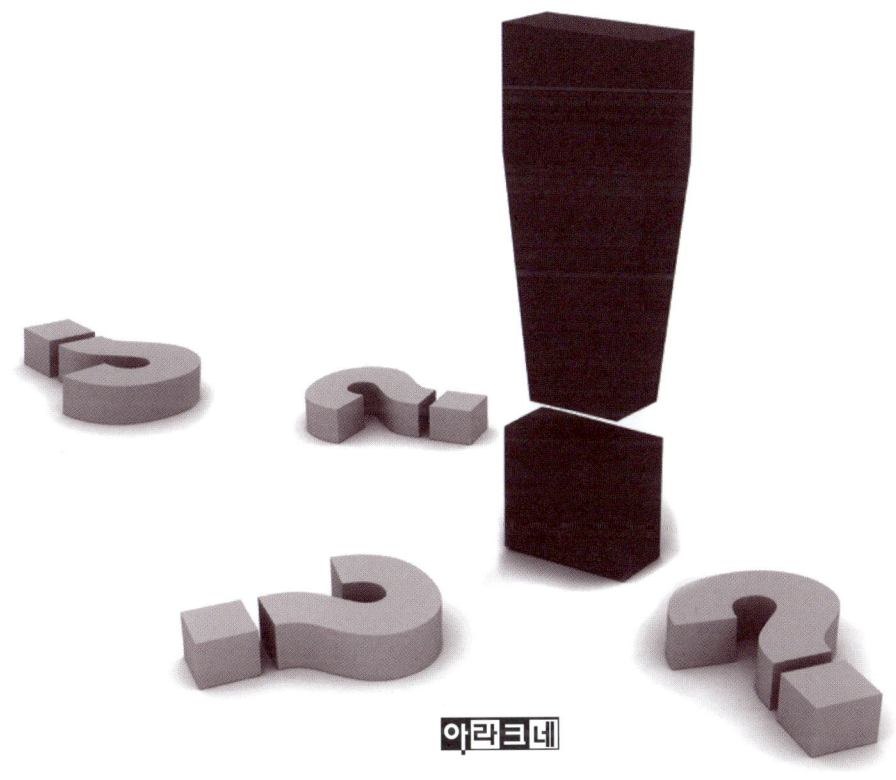

아라크네

方法总比问题多

著 : 吴甘霖

copyrighting ⓒ 2005 by China Machine Press
All rights reserved.

Korean Translation Copyright ⓒ 2010 by ARACHNE Publishing Company Korean edition is published by arrangement with China Machine Press through EntersKorea Co.,Ltd. Seoul.

이 책의 한국어판 저작권은 (주)엔터스코리아를 통한 중국의 China Machine Press와의 계약으로 도서출판 아라크네가 소유합니다. 신 저작권법에 의하여 한국 내에서 보호를 받는 저작물이므로 무단전재와 무단복제를 금합니다.

Prologue

핑계를 찾지 말고 방법을 찾아라!

최고의 인재는 문제와 난관에 봉착했을 때 항상 자발적으로 해법을 찾지, 절대 핑계를 대며 책임을 회피하거나 실패에 대한 변명을 늘어놓지 않는다. 이것이 바로 엘리트가 갖춘 핵심적 소양이다.

필자는 현재 직장인의 업무 능력 향상을 위한 기업 컨설턴트로 활동하고 있다. 국내외에서 진행 중인 기업 컨설팅이나 강의를 하면서 수많은 경영자들에게 항상 다음과 같은 질문을 던진다.

"어떤 직원이 가장 마음에 드십니까?"

"직장에서 가장 특출한 재능을 보이는 직원은요?"

그들의 대답은 예외 없이 한결같다.

"문제와 난관에 봉착했을 때, 적극적으로 해법을 찾아 해결하는 직원입니다."

경영자들은 왜 자발적으로 해법을 찾는 직원을 인정할까? 그 이유는 바로 적극적으로 해법을 찾아야만 최상의 효과와 이익을 얻을 수 있기 때문이다. 그리고 이런 사람만이 리더의 부족한 부분을 채워줄 수 있는 오른팔이 될 수 있다.

자발적으로 해법을 찾는 사람은 직장에서 많은 이익을 창출해낸다. 그들은 가장 신임을 받는 재원이면서 동시에 내일의 리더감이다.

"실패를 감추려는 변명을 찾지 말고 오직 성공의 해법만을 찾아라!"

이것은 일과 생활에 있어서 항상 활기차고 자신감 넘치는 최고의 인재들이 꼽는 덕목이다. 갖가지 이유를 들어 자신의 실패를 감출수록 오히려 그것은 몇 배로 늘어난다. 오직 해법을 찾아야만 성공에 이를 수 있다. 이런 사실을 알면서도 사람들은 왜 그 방법을 찾으려 하지 않는 것일까?

"우리라고 핑곗거리만 찾고 싶겠습니까? 하지만 그 방법을 모르겠는 걸 어떡합니까?"

그들의 말은 충분히 일리가 있다. 한창 출판되는 성공학 관련 서적들을 보면 '자기 분발'을 요하는 것들이 대부분이다. 그러나 실질적이고 효과적인 방법론이 결여된 자기 분발로는 성공에 이르는 데 부족한 감이 없지 않다.

따라서 나는 이 책에서 성공하기 위한 실질적인 방법론을 제시하고자 했다. 그것을 다음의 네 부분으로 나누어 설명하고자 한다.

- 문제와 해법과의 관계

- 문제 앞에만 서면 작아지는 심리적 장애를 어떻게 극복할 것인가
- 문제를 해결하는 효과적인 방법을 어떻게 구사할 것인가
- 어떻게 하면 문제를 기회로 바꿀 수 있을까

여러분이 만약 이 네 가지 과제를 확실히 자기 것으로 소화할 수 있다면 지금까지와는 완전히 다른 업무 태도를 지니게 될 것이다.

"핑곗거리를 찾지 말고 해법을 찾자!"

이렇게 된다면 자발적으로 업무를 추진할 수 있을 뿐만 아니라 해법을 알기 때문에 뛰어난 성과를 거둘 수 있다. 또한 시간이 지날수록 자신감으로 가득 차게 된다. 문제가 닥쳐도 두려움이 없기 때문에 오히려 그것을 성공과 발전의 기회로 삼을 수 있다.

"문제보다 해법이 많다!"

성공은 해법을 찾는 사람들에게 열려 있다. 이 지혜들을 가능한 빨리 자신의 것으로 만들어서 이 세상에 꼭 필요한 사람이 될 수 있길 기원한다.

우간린 吳甘霖

CONTENTS

Prologue 핑계를 찾지 말고 방법을 찾아라!

1 실패를 숨기지 말고 해법을 찾아라

STORY 1. 일류 직원은 해법을 찾고 삼류 직원은 핑곗거리를 찾는다 • 13

STORY 2. 해법 찾기를 중시하는 사람이 가장 우수한 직원이다 • 21

STORY 3. 능동적으로 해법을 찾아야 남보다 앞서 간다 • 26

STORY 4. 과정보다 결과를 중시하고 노고보다 공로에 신경 써라 • 35

STORY 5. 정신만 똑바로 차리면 항상 문제보다 해법이 많다 • 44

2 심리 작전 : 문제에 대한 두려움을 이겨내라

STORY 1. 해법을 생각해야만 해법을 얻을 수 있다 • 55

STORY 2. 어렵다고 하지 말고 전력을 다할 수 있는지 물어라 • 62

STORY 3. 두려워해야 할 것은 바로 두려움 그 자체이다 • 70

STORY 4. '발로 꿈을 이루는 법'을 배워라 • 78

STORY 5. 지금 하지 않는 것은 영원히 하지 않는 것과 같다 • 84

STORY 6. 남들보다 여러 길을 더 밟아봐라 • 92

STORY 7. '난 할 수 없다'를 '난 할 수 있다'로 바꿔라 • 99

STORY 8. '절대 불가능하다'를 '반드시 가능하다'로 바꿔라 • 106

STORY 9. 시도하라! 해법을 찾을 가능성은 무궁하다 • 114

STORY 10. 문제와 스트레스를 분해하라 • 124

STORY 11. 포기하지 마라! 성공은 바로 다음에 있다 • 131

STORY 12. 문제를 철저하게 파악하라 • 137

3 방법이 왕도다 : 문제의 핵심을 찾아 해결하는 방법

STORY 1. 문제의 '과녁'을 정확히 조준하라 • 145

STORY 2. '장소를 바꿔 우물 파는 법'을 배워라 • 153

STORY 3. 유추법으로 문제를 해결하라 • 161

STORY 4. 역발상으로 문제를 해결하라 • 167

STORY 5. 측면 사고법으로 문제를 해결하라 • 172

STORY 6. 체계적인 방법으로 문제를 해결하라 • 179

STORY 7. 가감의 방법으로 문제를 해결하라 • 186

STORY 8. 'W형 사고법'으로 문제를 해결하라 • 193

STORY 9. 좀 더 단순한 방법으로 문제를 해결하라 • 202

STORY 10. 문제를 교묘하게 전환하라 • 209

STORY 11. 잔꾀보다는 큰 지혜를 추구하라 • 217

STORY 12. 많은 사람들의 도움을 받아 성공하라 • 225

STORY 13. 문제의 요점과 근본을 꽉 틀어쥐어라 • 233

STORY 14. 양 갈래 길에서 제3의 길을 선택하라 • 240

4 문제를 기회로 바꾸어라

STORY 1. 아무 문제도 없다는 것이 가장 큰 문제다 • 249

STORY 2. 문제는 성장의 기회이다 • 255

STORY 3. 사냥감에서 사냥꾼으로 변신하라 • 262

STORY 4. 위기를 기회로 바꿔라 • 270

STORY 5. 'V형 사고'로 누구나 창조자와 창업자가 될 수 있다 • 278

제1장

문제보다 해법이 많다

실패를 숨기지 말고
해법을 찾아라

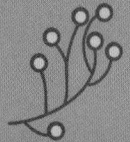

STORY 1

일류 직원은 해법을 찾고
삼류 직원은 핑곗거리를 찾는다

••• 핑곗거리를 찾는 직원은 직장에서 절대 환영받지 못한다. 반면 스스로 해법을 찾는 직원은 직장에서 가장 환영받는다.

칭화대학교淸華大學校 '고급관리자 과정' 강의에서 나는 사람들에게 이런 질문을 던졌다.

"오늘날 직장에서 가장 환영받는 직원은 어떤 유형의 사람일까요?"

당신이 자신의 미래와 운명에 대해 강한 책임감을 지닌 직원이라면 이 질문에 가장 큰 관심을 보일 거라고 확신한다. 만약 이를 깨닫지 못한다면 직장 내에서 항상 주변부에 머물게 될 뿐만 아니라 당신이 성공 가도를 달리는 데 있어 큰 제약을 받게 될 것이다. 그러므로 이 질문을 분명히 인식해야만 빠른 성장의 열쇠를 찾을 수 있고, 그만큼 성공할 확률을 크게 높일 수 있다.

아래의 글은 강의에 참석한 한 사장이 들려준 자신의 경험담이다. 위 질문에서 당신이 어떤 대답을 내렸든 간에, 이 이야기를 자신을 돌아보는 거울로 삼았으면 하는 바람이다.

십여 년 전, 그는 한 건축 자재 회사에 근무하고 있었다. 당시 이 회사는 수금이 제때 이뤄지지 않아 골머리를 앓고 있었다. 제품도 우수하고 판로도 괜찮았지만 상품이 출고된 후 대금을 제때 지불받지 못했다.

한 고객이 무려 10만 위안_{약 1,700만 원}어치 물품을 구매하고도 늘 이 핑계 저 핑계 대며 대금 지급을 미뤄 왔다. 회사에서 세 번이나 사람들을 보내 대금 지급을 독촉했지만 아무런 소득이 없었다. 입사한 지 얼마 되지 않았던 그 역시 다른 직원과 함께 이 대금 회수 업무에 투입되었다. 그들은 갖은 협박과 회유 등 온갖 방법을 동원하여 마침내 그 고객에게서 이틀 후 대금을 지불하겠다는 약속을 받아냈다.

이틀이 지나고 그들은 그 고객에게 한달음에 달려가 10만 위안짜리 수표를 받는 데 성공했다. 그들은 콧노래를 부르며 은행으로 가 수표를 내밀었다. 하지만 고객의 통장에는 10만 위안에서 80위안이 모자란 9만 9,920위안만 예치되어 있었다. 수표를 현금화하지 못하도록 고객이 술수를 쓴 것이었다. 게다가 다음날부터 설 연휴가 시작돼 당장 현금으로 바꾸지 못하면 언제 돈을 찾을 수 있을지 장담할 수 없었다.

이런 상황이 닥치면 대부분의 사람들은 크게 당황하여 발만 동동 구르기 십상이다. 하지만 그는 그 순간 기지를 발휘했다. 지갑에서 100위안을 꺼내 동행한 직원에게 고객 통장에 그 돈을 입금하도록 했다. 이렇게 되자 통장에는 10만 위안의 잔고가 생겼고, 그는 즉시 수표를 현금으로 바꾸었다.

그가 10만 위안을 회수하여 회사로 돌아오자 대표이사는 그를 입에 침이 마르도록 칭찬했다. 그는 회사에서 커다란 두각을 나타내더니 불과 5년 만에 부사장으로 승진했고, 이후 사장의 자리까지 올랐다.

이 이야기를 듣고 참석자 모두 적극적으로 해법을 찾은 그의 정신에 감탄했고, 오늘날 그의 성공과 밀접한 관계가 있다고 여기게 되었다.

이와 반대로 또 다른 사장이 들려준 이야기는 직원의 소양 문제에 대해 다시금 생각하게 만들었다. 이 이야기는 그가 어떤 한 직원을 고용한 지 보름이 채 안 돼 해고한 사연이었다.

그 직원은 대학을 갓 졸업한 여성이었다. 그녀는 성적도 우수하고 외모도 출중했지만 근무 태도가 불성실했으며, 어떤 문제가 생기면 갖은 핑계를 둘러대기 바빴다.

첫 출근을 했을 때 그녀는 사람들에게 좋은 인상을 주었다. 그러나 며칠 지나지 않아 그녀는 지각을 하기 시작했다. 상사들이 몇 차례나 주의를 주었지만 그녀는 항상 이런저런 핑계를 대며 변명만 늘어놓았다.

하루는 사장이 그녀에게 베이징대학교北京大學校에 가서 재료를 사오라는 임무를 맡겼다. 원래는 세 곳을 들러야 했지만 그녀는 겨우 한 곳만 들른 후 회사로 돌아왔다. 사장이 그 이유를 묻자 그녀가 이렇게 답했다.

"베이징대학교가 너무 넓었습니다. 수위실을 찾아가 몇 번을 물어보고 나서 겨우 한 곳만 찾아냈습니다."

사장이 그녀의 대답을 듣고는 크게 화를 냈다.

"이 세 곳은 이름만 들어도 다 알 만큼 유명하다네. 그런데 오후 내내 겨우 한 곳만 찾았단 말인가!"

억울하다는 듯, 그녀는 또 다시 변명을 늘어놓았다.

"전 정말로 다 찾아봤습니다. 못 믿으시겠다면 직접 수위실을 찾아가 물어보세요!"

"지금 사장인 내게 수위실에 가서 직접 사실을 확인해보라고 했나? 자네! 이게 대체 무슨 태도인가?"

사장은 그녀의 변명에 더욱 화가 치밀어 소리쳤다.

다른 직원들 또한 호의적으로 그녀에게 방법을 일러 주었다.

"먼저 대표전화로 문의해서 이 세 곳의 전화번호를 알아낸 다음, 차례로 연락을 취해 어떻게 가는지 구체적으로 물어보면 될 거야."

"그중 한 곳은 찾지 않았어? 그러면 그 사람들한테 나머지 두 곳을 찾아가는 방법을 물어볼 수도 있잖아."

"아니면 학교 안의 교수나 학생들한테 물어볼 수도 있고……."

하지만 그녀는 동료들의 호의에 전혀 아랑곳하지 않고 오히려 뾰로통한 얼굴로 "어쨌든 전 최선을 다했다고요!"라며 성을 냈다.

이 말을 듣는 순간, 사장은 그녀를 해고하기로 마음먹었다.

"자네가 최선을 다한 게 이 정도 수준이라면 더 큰 기대는 할 수 없을 것 같군. 그러니 자넨 이만 우리 회사에서 나가주게나!"

위 이야기에서 그 여직원의 행동이 다소 극단적이라고 말할 수도 있다. 그러나 문제 상황 앞에서 해법을 찾기보다 핑곗거리를 찾아 책임을 회피하려고 하는 사람이 적지 않다는 데 모두들 공감했다. 모든 일에 핑계만 대는 직원을 직장 내에 그 구성원으로 절대 인정할 수 없음은 불보듯 뻔하다.

위에서 설명한 두 직원은 상반되는 사례를 대표하고 있다. 전자가 아무리 난처한 문제가 닥쳐도 절대 뒷걸음치지 않고 오히려 해법을 찾아나선다면, 이와 반대로 후자는 간단한 문제라도 해결하기보다는 항상 핑곗거리를 찾아 자기변호를 하는 데 급급하다. 후자처럼 핑계만 대는 사람은 적극적으로 문제의 해법을 찾을 수 없다. 그는 기존의 방법이 눈앞에 주어져도 받아들이지 못하며, 이것은 소위 '엘리트'와 '못난 사람'의 근본적 차이점이라고 할 수 있다.

나는 이 강의에 참석한 100명의 학생들에게 다음과 같은 조사를 진행했다. 먼저 "가장 채용하고 싶지 않은 직원은 어떤 타입입니까?"라는 질문의 결과는 다음과 같았다.

- 아무 노력도 하지 않고 핑계만 대는 직원
- 공공의 이익은 무시하고 자기 잇속만 챙기는 직원
- 지나칠 정도로 좀스럽게 따지는 직원

- 겉만 번지르르하고 실속은 없는 직원
- 상사에게 지나치게 아부하는 직원

다음으로 "어떤 타입의 직원을 가장 좋아합니까?"라는 질문에는 다음과 같이 답했다.

- 일을 맡기기도 전에 알아서 척척 해내는 직원
- 문제의 해법을 찾아 실적을 크게 올리는 직원
- 자신의 업무에 불평불만이 없는 직원
- 업무에 대한 추진력이 강한 직원
- 회사를 위해 건설적인 의견을 제시하는 직원

위의 결과는 모든 일에 핑곗거리만을 찾는 직원은 직장에서 결코 환영받지 못하며, 자발적으로 해법을 찾아 문제를 해결하는 직원이 직장에서 필요로 하는 최우수 직원임을 암시한다.

1995년 NBA미 프로농구 리그에서 '올해의 신인상'을 수상한 제이슨 키드 Jason Frederick Kidd가 얘기했던 그의 일생을 바꾼 일화는 우리에게 중요한 메시지를 전달한다.

제이슨 키드가 어렸을 때 그의 아버지는 항상 그를 데리고 볼링을 치러 다녔다. 키드는 점수가 좋지 않을 때면 항상 이런저런 변명들을 늘어놓았다.

어느 날 역시 점수가 좋지 않게 나오자 그는 또 핑계를 대려 했다. 그때 그의 아버지는 단호히 그의 말을 가로막았다.

"더 이상 변명하려 하지 말거라. 점수가 좋지 않은 건 네가 연습을 게을리하고 점수를 높일 방법을 찾지 않았기 때문이란다. 네가 열심히 노력한다면 변명 따윈 하지 않아도 될 거야."

아버지의 말에 그는 자신의 어리석음을 깨닫게 되었다. 이후 그는 자신의 잘못을 발견하면 적절한 방법을 찾아 고치려고 노력했다. 볼링이건 농구건 그는 스스로에게 두 가지를 다짐했다. 첫째로 남들보다 더 많은 시간과 노력을 투자해 연습할 것, 둘째로 항상 부족한 점을 체크하여 가장 좋은 방법을 찾는 것 등이었다. 이 두 가지 노력들로 인해 그는 최고의 가드로 NBA의 스타로 우뚝 섰다.

일본 마쓰시타松下電器産業株式會社, 현재 '파나소닉' 본사를 방문했을 때, 현수막에 적혀 있던 문구는 다음과 같다.

당신에게 지혜가 있다면 그 지혜를 바쳐라.
만약 지혜가 없다면 땀방울을 바쳐라.
두 가지 모두 바칠 수 없다면 당장 회사를 떠나라!

여기서 우리는 직원을 다음의 세 부류로 나눌 수 있다.

첫째, 자기가 맡은 일에 최선을 다하면서 해법까지 찾아내는 직원이다. 이들은 지혜를 가지고 있고 또 그 지혜를 잘 활용하여 기업의 부를 창출한다. 이런 직원은 의심할 여지 없이 최고의 엘리트이다.

둘째, 열정은 남부럽지 않지만 해법을 찾아내는 것은 부족한 직원이다. 회사를 위해 굵은 땀방울을 흘리는 직원은 꼭 필요하지만 그들에게 큰 발전을 기대하기는 어렵다.

셋째, 해법을 찾지 못하면서도 게으른 직원이다. 이들은 회사에 어떤 기여도 하지 못하기 때문에 결국 회사를 떠날 수밖에 없다.

이를 토대로 다음과 같은 결론에 도달할 수 있다.

'일류 직원은 최선을 다하면서 해법을 찾아내고 이류 직원은 굵은 땀방울이라도 열심히 흘리지만 삼류 직원은 변명만 늘어놓는다.'

자신의 원대한 목표를 달성하고 싶다면 반드시 일류 직원이 되기 위해 노력해야만 한다.

STORY 2

해법 찾기를 중시하는 사람이 가장 우수한 직원이다

••• 해법 찾기를 중시하는 직원이 가장 우수한 직원이다. 그들은 모든 일에는 해결책이 있으며, 언제나 더 좋은 해결 방법이 있다고 믿는다. 누구나 창조자가 될 수 있고, 어디에나 절호의 기회가 널려 있다.

외부의 어려움, 여의치 못한 조건, 시시각각 밀려오는 스트레스와 도전은 결코 우수한 직원의 의지와 창의력을 무너뜨릴 수 없음을 기억하라.

내가 예전에 홍콩 모 그룹의 부총재를 역임할 때, 그 그룹의 회장님을 무척 존경했었다. 이십여 년 전, 그는 달랑 30홍콩 달러만 손에 들고 홍콩으로 건너와 처음에 작은 노점상에서 시작해 점점 규모를 키워 나갔고 나중에는 2개의 주식회사를 설립했다. 그는 자신의 성공담을 들려주는 자리에서 이렇게 말했다.

"내가 이렇게 성공할 수 있었던 이유는 바로 어떤 일이든 적극적으로 해법을 찾았기 때문입니다. 나는 경제계에서 성공을 거둔 인사들을 많이 알고 있습니다. 그들에게는 공통적인 특징이 있는데, 무엇인지 아십니까? 바로 해법 찾기를 중시했다는 사실입니다. 그들은 모든 일에는 해법이 있고, 또 언제나 더 좋은 해법이 있다고 믿고 있습니다."

청쿵長江실업 리카싱李嘉誠은 아시아 최고의 갑부로, 2010년 경제 전문잡지 『포브스』가 선정한 세계 억만장자 순위 14위에 올랐고 개인 자산만 210억 달러약 25조 원에 달한다. 그가 가만히 앉아서 최고의 자리에 오른 것은 절대 아니다. 어린 시절 아르바이트를 할 때부터 항상 해법을 찾기 위해 부단히 노력한 덕분이었다.

리카싱의 아버지는 교사였다. 리카싱의 아버지는 그가 좋은 대학에 가길 바랐다. 하지만 불행히도 아버지가 갑자기 세상을 떠나면서 어린 리카싱의 꿈은 산산조각 나고 말았다. 리카싱은 가장으로서 가정을 꾸려나가야 하는 무거운 짐을 짊어지게 되었다. 그는 어쩔 수 없이 아르바이트를 하며 집안 생계를 유지해나갔다.

그는 먼저 찻집 종업원으로 일하다가 나중에 외판원으로 취직했다. 이리저리 발로 뛰어다니는 외판원이란 직업은 일찍감치 차를 배달하러 동분서주한 경험 덕분에 전혀 힘들지 않았다. 문제는 '어떻게 하면 물건을 하나라도 더 팔 수 있는가'였다.

한번은 그가 플라스틱 물뿌리개를 팔러 나섰다. 그런데 몇 군데를 돌아다녔지만 허탕만 치고 나왔다. 결국 오전 내내 하나도 팔지 못했고, 만약 오후에도 이와 똑같은 상황이 연출된다면 그를 기다리는 것은 점장의 호통뿐이었다.

하지만 그는 전혀 실망하지 않고 '할 수 있다!'는 자신감으로 마음을 다잡았다. 그는 복도가 온통 먼지투성이인 어느 건물에 들어가게 되었는데, 순간 좋은 생각이 떠올랐다. 그는 물건 파는 일을 뒤로하고 화장실로 달려갔다. 그리고는 물뿌리개에 물을 가득 채우고 복도 청소를 하기 시작했다. 잠시 후 복도는 놀라우리만치 깨끗해졌다. 이를 본 건물 주인이 그에게 관심을 보였고, 리카싱은 마침내 10여 개의 물뿌리개를 그 자리에서 팔 수 있었다.

리카싱의 이런 영업이 성공을 거둘 수 있었던 이유는 무엇일까? 바로 "백문불여일견" 즉, 무엇이 좋다고 하는 말을 백 번 듣는 것보다 눈으로 그것을 직접 확인해 보는 것이 낫다는 영업 비결로 고객의 마음을 움직였기 때문이다. 자기 제품이 뛰어나다고 아무리 외친들 무슨 소용이 있겠는가. 직접 시범을 보이고 사용 후 효과를 보여주는 편이 훨씬 낫다.

리카싱은 모든 영업 활동에 있어서 사전 분석을 대단히 중시했다. 어느 정도 시간이 흐르자 리카싱의 활동 범위는 다른 외판원들보다 훨씬 넓어졌으며, 판매 실적 역시 그들을 크게 앞질렀다.

그가 최고의 판매 사원이 될 수 있었던 비결은 무엇일까?

그는 먼저 홍콩을 몇 개 구역으로 나누었다. 그런 다음 각 구역 사람들의 성향을 분석한 후 잠재 고객의 수가 가장 많은 구역을 도출해내고 집중 공략했다. 이렇다 보니 남들보다 영업 실적이 뛰어난 것은 당연했다. 리카싱의 영업 인생은 끊임없이 문제의 해법을 찾아 자신의 운명을 바꾼 좋은 사례라고 할 수 있다.

    과거 미국에서 석유 채굴 열풍이 분 적이 있다. 이때 청운의 뜻을 품은 한 젊은이가 석유 채굴 회사에 취직했다. 하지만 그가 맡은 업무는 단조롭기 그지없었다. '나처럼 창조적인 사람이 이런 일이나 한다는 게 말이 되는가?' 자신의 업무를 매우 못마땅하게 여기던 그는 책임자를 찾아가 다른 업무를 맡겨달라고 요구했다.

    그러나 책임자의 대답은 전혀 뜻밖이었다. 책임자는 차가운 말투로 "좀 더 좋은 일을 하고 싶다면 다른 직업을 찾아보게"라고 말하는 것이었다.

    순간 얼굴이 빨개진 그는 당장 사표를 던지고 싶은 마음이 굴뚝같았다. 하지만 더 좋은 일을 찾기가 쉽지 않다는 생각이 들자 하는 수 없이 분을 참으며 자신의 작업장으로 돌아갔다.

    '나는 창의력이 뛰어나지 않은가. 그렇다면 평범한 이 일에서도 충분히 그 능력을 발휘할 수 있지 않을까?'

    그는 자신의 업무에 대해 치밀하게 연구하기 시작했다. 마침내 그는 기름 39방울이 필요한 공정이 실제로는 38방울이면 충분하다는 사실을 발견했다. 그는 반복된 실험을 거쳐 기름 38방울만 사용하는 기계를 발명하고 이를 회사에 추천했다. 기름 한 방울이라도 절대 얕봐서는 안 된다. 그것으로 회사는 엄청난 돈을 절약할 수 있다. 이 청년이 바로 훗날 미국의 '석유왕'으로 이름을 날린 록펠러John D. Rockefeller이다. 이 일화는 우리에게 다음과 같은 교훈을 준다.

"누구나 창조자가 될 수 있고, 어디에나 절호의 기회가 널려 있다!"

외부의 어려움과 여의치 못한 조건, 시시각각 밀려드는 다양한 스트레스와 도전은 결코 뛰어난 사람의 강한 의지와 창의력을 무너뜨릴 수 없다.

록펠러와 관련된 유명한 일화가 또 하나 있다.

제2차 세계대전 후 막 설립된 유엔UN은 적당한 건물 부지를 찾지 못해 고민하고 있었다. 이때 록펠러는 과감히 자신이 소유한 뉴욕의 넓은 땅을 유엔에 무상으로 기증했다. 이 소식을 접한 유엔 사무총장은 크게 기뻐하면서 록펠러에게 깊은 감사의 뜻을 전했다.

록펠러가 얻은 것이 비단 감사의 인사뿐이었을까? 물론 아니다. 그는 땅을 기증하기 전에 그 땅 주위의 넓은 부지를 이미 사들인 상태였다. 유엔 사무실이 확정되자 주변의 땅값이 바로 폭등했고, 록펠러는 무상으로 기증한 부지의 땅값을 제외하고도 엄청난 돈을 벌어들였다. 이것이 바로 해법이 갖는 가치와 묘미이다.

핑계를 찾지 말고 해법을 찾는 사람이 되어라. 항상 해법이 문제보다 많다는 사실을 믿어라. 그러면 당신은 누구에게나 인정받는 뛰어난 사람이 될 수 있다.

STORY 3

능동적으로 해법을 찾아야
남보다 앞서 간다

••• 능동적으로 해법을 찾아 문제를 해결하는 사람은 어디서든 별처럼 밝게 빛나는 우리 사회의 진정한 엘리트이다. 설사 그가 기회를 찾으려고 노력하지 않더라도 기회가 알아서 그에게 찾아온다. 만약 당신이 능동적으로 해법을 찾아낼 수 있다면 집단 내에서 금방 두각을 나타낼 것이고, 더 많은 성공의 기회를 얻을 수 있을 것이다.

2001년 9월에 나는 난징에서 개최된 '세계화상華商대회'에 참가했다. 대회 석상에서 저명한 화상인 양 씨의 연설은 모든 사람들에게 깊은 인상을 남겼다.

저장성 원저우 사람인 양 선생은 십여 년 전, 유럽에 식당을 개업한 먼 친척으로부터 가게 일을 도와달라는 부탁을 받았다. 그런데 그가 유럽에 도착한 지 얼마 지나지 않아 친척이 갑자기 병으로 세상을 떠났다. 식당도 이내 문을 닫고 말았다. 하지만 양 선생은 귀국하지 않고 그곳에서 직장을 구하기 마음먹었다. 몇 년 후, 그는 중소 규모의 한 건강 관련 용품 공장에 취직했다.

이 회사 제품은 어디에 내놔도 손색이 없었지만 아쉽게도 지명도가 높지 않았다. 한번은 그가 비행기를 타고 출장을 가다가 뜻밖에 하이재킹_{항공기 납치}을 당했다. 조마조마했던 위기일발의 10시간이 지난 후 여러 계층의 노력으로 문제가 원만히 해결돼 다행히 그는 풀려나게 되었다. 막 비행기에서 내리려는 순간, 그는 갑자기 영화 속에서 항상 보던 장면이 떠올랐다. 인질들이 비행기에서 내릴 때, 수많은 기자들이 그들을 인터뷰하려고 기다리고 있는 장면 말이다.

'지금이 바로 우리 회사의 이미지를 널리 알릴 수 있는 절호의 기회다!' 그는 트렁크에서 큰 종이를 꺼내 그 위에 아주 크고 굵은 글씨로 이렇게 썼다.

"저는 XX 회사의 ○○○입니다. 저와 회사의 XX표 건강 용품을 안전하게 구해주신 모든 분들께 심심한 감사의 뜻을 전합니다."

그가 이렇게 쓴 종이를 높이 들고 비행기에서 걸어 나오는 장면이 텔레비전 카메라에 바로 포착되었다. 그의 행동은 누구도 예상치 못했던 것이었다. 그는 이 일로 깜짝 스타가 되었고, 여러 언론매체에서 그와 인터뷰하기 위해 몰려들었다.

그가 회사로 돌아왔을 때, 사장과 대표이사는 모든 임직원들을 데리고 정문 앞까지 나와 그를 환영했다. 알고 보니 공항에서 보여 준 그의 기발한 행동 덕분에 회사와 상품명이 대중들에게 널리 알려졌던 것이다. 그의 인터뷰 장면이 방송으로 나간 후, 회사 전화기에 불이 나도록 고객의 주문이 꼬리를 물고 이어졌다.

"그런 상황에서도 자네가 회사를 가장 먼저 생각했을 줄은 꿈에도 몰랐네. 최우수 영업 책임자는 두말할 것도 없이 자넬세!"

사장은 감격에 겨워 그에게 칭찬을 아끼지 않았다. 사장은 그 자리에서 그를 영업과 홍보를 주관하는 부사장으로 임명하고 보너스까지 두둑이 챙겨 주었다.

양 선생의 사례는 다음과 같은 중요한 이치를 제시한다.

"어떤 회사나 조직이든 능동적으로 해법을 찾아 문제를 해결하는 사람이 가장 쉽게 두각을 나타낸다."

해법은 일하는 데에서 발생하는 불편함을 제거해 주고 자신을 더 큰 발전으로 이끌어 줄 뿐 아니라 회사에도 직접적인 이익을 제공한다. 어떤 회사의 사장이 적절한 해법을 찾아 회사의 문제를 해결하는 직원을 각별하게 생각하지 않겠는가.

나는 베이징대학교에 개설된 '생각의 길이 곧 부의 길을 결정한다'는 주제로 열린 중국 민영 기업 총재반 수업에서 바로 양 선생의 이야기를 들려주었다. 이 이야기는 큰 호응을 불러일으켰고 한 총재가 나에게 말했다.

"이 이야기는 미국의 저명 기업가 리 아이아코카 Lido Anthony Iacocca를 떠올리게 하는군요. 그들은 모두 같은 이치를 설명하고 있어요. '언제 어디서건 능동적으로 해법을 찾는 사람이 가장 먼저 두각을 나타낸다'고 말입니다."

포드 자동차는 미국 최초 그리고 최대의 자동차 회사이다. 1956년에 포드 자동차는 신차를 출시했다. 이 신차는 디자인이나 성능이 뛰어나고 가격도 비싸지 않았지만 이상하게도 판매가 부진하여 당초 예상과는 다른 정반대의 상황을 맞이했다. 마음이 다급해진 회사 임원들은 온갖 방법을 다 짜냈지만 판매를 호전시킬 방법을 전혀 찾아내지 못했다. 이때 포드 자동차 판매가 가장 저조한 필라델피아 주에서 이제 갓 대학을 졸업한 학생 하나가 이 신차에 대해 커다란 흥미를 보였다. 그는 바로 아이아코카였다.

당시 포드 자동차의 견습 엔지니어로 일하고 있던 아이아코카는 원래 자동차 판매와는 전혀 무관했다. 그러나 신차의 판매 부진으로 전전긍긍해 하는 회사 사장의 모습이 그의 머릿속을 떠나지 않았다. 그래서 그는 신차의 판로를 개척할 좋은 방법이 없을까 하고 곰곰이 생각하기 시작했다.

그러던 어느 날, 번뜩이는 아이디어가 그의 머릿속에 떠올랐다. 그는 곧장 사장실로 달려가 신문에 다음과 같은 내용의 광고를 싣자고 제안했다.

"56달러로 56년형 포드를!"

이 아이디어의 구체적인 내용은 이렇다. 1956년에 생산된 포드 자동차를 구매할 경우 선불로 자동차 대금의 20%를 지불하고, 나머지 대금은 매달 56달러씩 나누어 갚을 수 있도록 한 것이다.

그의 제안은 회의를 거쳐 마침내 채택되었고, 광고 효과를 톡톡히 보았다. '56달러로 56년형 포드를!'은 누구나 아는 광고 문구가 되었다.

'56달러로 56년형 포드를!' 아이디어는 자동차 값에 대한 사람들의 심리적 부담을 덜어 주었을 뿐만 아니라, '매달 56달러면 매우 경제적이다'라는 인상까지 심어 주었다.

기적은 이렇게 단순한 광고 문구에서 일어났다. 단 3개월 만에 필라델피아의 신차 판매량은 꼴찌에서 전국 1위로 단숨에 뛰어올랐다. 아이아코카는 자신의 재능을 인정받았고, 본사에서는 그를 워싱턴 지역 담당 책임자로 발령했다.

아이아코카는 그 이후에도 끊임없이 아이디어를 제안하여 회사의 발전을 이끌었다. 마침내 그는 포드 자동차의 사장 자리에까지 오르는 입지전적인 인물이 되었다.

아이아코카의 이 이야기를 돌아본 후, 그 총재는 사람들에게 자신이 『아이아코카 자서전』을 읽었을 때의 체험을 들려주었다. 그는 대학 재학 시절 이 책을 처음으로 접했는데, 책 속의 다음과 같은 이야기에 깊은 인상을 받았다고 말했다.

아이아코카는 포드 자동차 사장에 취임했지만 차기 회장이 될 헨리 포드 2세와의 불화로 해고되고 말았다. 그 후 그는 미국에서 세 번째로 큰 자동차 회사인 크라이슬러Chrysler의 요청으로 회장직을 맡았다.

당시 크라이슬러는 경영 악화로 파산 직전의 위기에 직면해 있었다. 하지만 아이아코카는 늘 그래왔듯 사력을 다해 난국을 돌파하여 마침내 회사를 기적적으로 살려 냈다. 아이아코카가 크라이슬러를 기사회생시킨 이야기는 수많은 기업인들에게 좋은 자극이 되었다. 그러나 이 총재에게 가장 감명 깊었던 점은 아이아코카가 어떻게 두각을 나타내서 결국 회장 자리에까지 올랐는가 하는 그 과정에 있었다. 그는 이렇게 말했다.

"당시 대학생이었던 나에게 가장 큰 관심사는 입사 후에 어떻게 하면 빠른 시간 안에 두각을 나타내고 다른 사람들에 인정받을 수 있을까 하는 거였죠. 이때 아이아코카가 가장 훌륭한 답안을 제시했지요. 바로 능동적으로 회사의 문제를 해결하는 사람이 가장 쉽게 두각을 나타낼 수 있으며, 해법을 찾아 회사의 문제를 해결하는 사람이 가장 쉽게 인정을 받을 수 있다는 것이었습니다."

미국의 젊은 우편집배원 폴은 여느 집배원들처럼 편지에 쓰인 주소를 찾아다니며 하나하나씩 편지를 배달했다. 그 결과 수많은 편지가 며칠 혹은 몇 주씩 늦게 배달되는 일이 빈번히 발생했다. 이에 불만을 가진 폴은 이를 개선할 수 있는 방법이 없을까 고민하기 시작했다. 그리고 얼마 지나지 않아 그는 주소대로 편지를 모아서 배달하는 방법을 생각해 냈다. 이로써 편지 배달 속도를 크게 향상시켰다.

폴은 이 공로로 고속 승진을 했다. 5년 후에 그는 미국 체신부 차관에 올랐고 이어서 장관에 임명되었다. 이후에 미국 최대의 통신 회사인 'AT&T' 사의 회장직에 올랐다.

누구나 일을 순서에 따라 차근차근 진행해야 한다고 여길 때, 우수한 사람은 더 효과적인 해법을 찾아내 효율을 극대화하고 문제를 훨씬 나은 방향으로 해결한다. 그들에게는 바로 해법을 찾아내겠다는 신념과 능력이 있었기 때문에 빠른 시간 안에 인정을 받았던 것이다.

다른 사례 하나를 더 들어보기로 하자. 1793년 툴롱Toulon 항구를 수비하던 프랑스 군대가 반란을 일으켰다. 반란군은 영국 군대의 지원을 받아 툴롱 항을 철통같이 방어했다. 반란을 진압하러 출동한 프랑스 군대가 아무리 공격을 가해도 항구를 함락할 수 없었다.

툴롱 항은 사방이 물로 둘러싸인 곳으로 그중 세 곳은 물이 아주 깊었다. 또한 영국 군함이 24시간 물 위에서 순시하면서 프랑스 군대가 성을 공격하려고 가까이 다가오면 맹렬히 대포 세례를 퍼부었다. 게다가 프랑스 함대의 대포 사정거리는 영국 함대에 한참 못 미쳤기 때문에 어찌해 볼 도리가 없었다.

프랑스군 지휘관은 마음이 다급해 발만 동동 굴렀다.

바로 그때, 진압군 가운데 나이가 겨우 스물네 살인 포병 상위 하나가 묘책을 떠올리고는 당장 쪽지에 써서 지휘관에게 건넸다.

"장군, 급히 목조 군함 100척을 조달한 후 함대의 대포를 육전용 대포로 교체하십시오. 그런 다음 무게가 가벼워 기동력이 뛰어난 이 목조 군함으로 영국 군함의 허리를 끊으면서 기습한다면 우리가 승리할 수 있습니다!"

이 계책을 들은 지휘관은 절로 고개를 끄덕이며 당장 그 방법대로 시행했다.

영국 군함은 '신식 무기'가 갖춰진 프랑스 군함을 막아낼 방도가 없었다. 툴롱 항을 삼엄히 경비하던 영국 군함은 프랑스군의 공격으로 겨우 이틀 만에 뿔뿔이 흩어져 도망가기 바빴다. 이를 지켜보던 반란군은 곧장 무장을 해제하고 투항했다. 승리에 기여한 공로로 이 젊은 상위는 포병 준장으로 승진했다.

이 젊은이가 누구인지 궁금하지 않은가? 훗날 프랑스 황제에 올라 전 세계에 이름을 떨친 '나폴레옹Napoléon Bonaparte'이다.

나폴레옹의 성공 역시 수많은 걸출한 인재들과 마찬가지로 자신의 존재를 알릴 수 있는 절호의 기회를 놓치지 않은 데 있다. 이를 통해 그는 성공 가도의 발판을 마련할 수 있었다.

능동적으로 해법을 찾아 문제를 해결하는 사람은 우리 사회의 재원이다. 과거나 현재, 국내외를 막론하고 이런 사람은 어디서든 별처럼 밝게 빛날 것이다. 설사 그가 기회를 찾으려고 노력하지 않더라도 기회가 알아서 그에게 찾아온다.

눈앞에 닥친 난제를 해결하여 남들에게 깊은 인상을 심어준 적이 있는지 스스로에게 물어보라. 또한 뛰어난 실적을 올려 회사 간부나 동료들에게 인정받은 적이 있었는지 스스로 되돌아봐야 한다.

남들이 감탄할 만한 일을 행동으로 옮긴다면 더 많은 발전의 기회가 당신에게 주어질 것이고, 더 큰 성공을 향해 나아갈 수 있을 것이다.

STORY 4

과정보다 결과를 중시하고 노고보다 공로에 신경 써라

••• 오늘날과 같은 시장 경제 시대에는 어떤 일을 하든 좋은 결과를 얻어야 한다. 일을 열심히 하는 것도 중요하지만 일을 성사시키는 것이 더욱 중요하며, 노고도 중요하지만 공로가 더욱 중요하다. '묵묵한 황소'처럼 고개 숙여 열심히 일하는 것만으로는 부족하다. 반드시 효율과 효과라는 날개를 달아야만 한다. 효율 없이 바쁜 것은 헛고생일 뿐이다.

회사를 위해 부를 창조해야만 회사도 당신에게 부를 제공한다.

회사를 위해 공간을 창조해야만 회사도 당신에게 공간을 제공한다.

회사를 위해 기회를 만들어야만 회사도 당신에게 기회를 제공한다.

당신이 일하면서 혹시 이런 일을 목격한 경험이 있는지 생각해보라. 물론 자신의 이야기일 수도 있다.

회사 사장이 두 직원에게 똑같은 일을 지시했다. 그중 한 명은 매일 일찍 출근하고 늦게 퇴근하며 심지어 토요일이나 일요일까지 쉬지 않고 열심히 일했다. 하지만 그는 늘 일을 완수하지 못해 항상 사장의 불만을 샀고, 심지어 사장에게 심한 꾸지람을 듣기도 했다. 반면 다른 한 명은 야근을 하지 않고도 매일 일을 완벽하게 처리했으며, 사장에게 정확하게 보고했다. 이에 사장은 늘 웃는 낯으로 그를 대하면서 칭찬을 아끼지 않았고 승진까지 시켰다.

과거에는 전자의 직원이 사장의 눈에 들 경우가 더 많았지만, 현대 사회에는 실적이 뛰어난 직원을 더 중시하는 경향이 보편화되었다.

오늘날과 같은 시장 경제 시대에는 일은 열심히 하지만 쓸데없이 바쁘기만 한 사람이 점점 인정받지 못한다는 점에 주목해야 한다. 갈수록 사회는 어떤 일을 하든 효율과 효과를 더 중시한다는 새로운 관념이 자리 잡고 있기 때문이다. 일을 열심히 하는 것도 중요하지만 일을 성사시키는 것이 더욱 중요하다.

'결과'와 '공로'에 대한 새로운 인식

중국 최대 컴퓨터 업체인 레노버Lenovo에는 아주 유명한 이념 하나가 있다.

"과정보다 결과를 중시하고 노고보다 공로에 신경 써라."

이는 레노버 문화수첩의 핵심 이념 가운데 하나로, 레노버가 설립된 지 반년 후부터 특별히 강조돼 온 것이다. 왜 레노버는 이 이념을 이토록 강조한 것일까?

예전에 나는 레노버의 창업자인 류촨즈柳傳志와 함께 TV 프로그램에 출연한 적이 있었다. 그는 레노버를 막 창업했을 당시의 이야기를 들려주었고, 우리는 많은 교훈을 얻을 수 있었다.

류촨즈는 무거운 목소리로 사람들 앞에서 입을 열었다.

"레노버가 막 설립되었을 당시, 우리 수중에는 겨우 수십만 위안의 자금밖에 없었습니다. 하지만 이마저도 사람을 너무 쉽게 믿다가 그만 사기를 당해버렸죠. 그런데 우리에게 사기를 친 사람은 바로 정부의 간부였습니다. 이로 인해 회사는 큰 타격을 입었고, 저는 직원들에게 채소를 팔아서라도 손실을 메우라고 다그쳤습니다."

창업 당시에 레노버 직원들은 모두 사업에 대한 열정이 가득 넘쳤다. 그러나 열정만으로는 부의 증가나 사업의 성공이 결코 보장되지 않는다. 비즈니스는 바로 전쟁이다. 지혜와 방법이 결여된 열정이나 선한 마음, 호의 등은 회사에 막대한 손실을 가져올 뿐이다. 얼마 되지 않는 자금을 효과적으로 사용하지 못한다면 회사는 파산할 가능성이 높다. 이때는 그저 부지런히 죽일 힘을 다해 일하는 것 외에 다른 덕목은 전혀 필요치 않다.

이런 쓰라린 경험을 바탕으로 레노버는 일처리에 있어서 갈수록 냉철하고 성실해졌으며, 전략과 방법을 특히 중시했다. 레노버가 창립된 지 이미 이십여 년의 세월이 흘렀다. 그동안 레노버는 장사와 전혀 무관했던 몇 명의 인재가 의기투합해 만든 회사에서 이제는 국내외에서 명성을 떨치는 하이테크 기업으로 변모했다. 레노버가 이렇게 큰 발전을 이루게 된 것은 그들의 핵심 이념과 아주 밀접한 관계가 있다.

옛말에 "공로는 없어도 노고는 있다"라는 말이 있다. 분명 노고가 감동을 주는 것은 사실이다. 하지만 오늘날에는 결과를 중시하면서 끊임없이 공로를 창조해야만 더 나은 발전을 이룰 수 있다.

효율 추구는 현대 직장인의 기본 덕목이다

미국의 자동차왕 헨리 포드Henry Ford는 정규 교육을 제대로 받지 못했다. 제1차 세계대전 기간에 한 신문사에서 포드를 '무지한 평화주의자'라고 논평했다. 포드는 이 소식을 듣고 크게 화를 내며 이 신문사가 자신을 악의적으로 비방했다며 법원에 고소했다.

법정에서 심리가 열렸을 때, 피고 측 변호사는 포드에게 정규 교육을 받은 사람들에게는 상식에 속하는 질문 공세를 폈다. 예를 들면, "1776년 영국은 미국에 몇 명의 군사를 보내 반란을 진압했는가?" "미국 헌법 제5조의 내용은 무엇인가?" 등이었다. 피고 측 변호사는 지적 우세를 이용해 포드가 확실히 '무지한 사람'임을 증명하려고 했다.

포드는 처음에는 예의 바르게 경청했지만 이내 화를 참지 못하고 씩씩거리며 그 변호사에게 소리쳤다.

"당신에게 한 가지 일깨워 줄 게 있소. 내 사무실 책상에는 버튼이 일렬로 쭉 늘어서 있소. 내가 버튼을 누르기만 하면 필요로 하는 조수가 달려옵니다. 그리고는 내가 알고 싶은 회사 내의 어떤 일도 대답해 주지요. 회사 외부의 일도 내가 알려고만 한다면 똑같은 방법으로 알아낼 수 있소. 내가 필요로 하는 모든 지식을 주위 사람들이 제공해 주는데, 겨우 이 법정에서 당신의 질문에 대답하려고 그깟 지식들을 내 머릿속에 채우고 와야 되겠소?"

포드가 이렇게 말한 것은 결코 허세를 부리기 위한 것이 아니라 자신은 일의 효율성과 결과를 더 중시한다는 생각을 밝힌 것뿐이다.

포드와 관련된 또 다른 일화 하나가 있다. 어쩌면 이것이 더 큰 교훈을 줄지도 모르겠다.

포드 자동차를 설립한 지 얼마 지나지 않아 포드는 한 공장에 자동차 부품을 대량으로 주문했다. 그런데 의미심장한 것은 그가 부품의 품질을 엄격하게 요구하는 동시에 부품을 담는 나무상자의 규격과 두께까지도 엄격하게 규정했다는 점이다. 이러한 요구에 대해 부품 공장은 물론 포드 자동차 직원들까지 그가 너무 심하다고 생각할 정도였다.

물건이 도착한 후, 포드는 상자를 조심해서 열고 절대 나무판을 손상하지 말라고 신신당부했다. 그 후 그는 새 사무실 설계도를 꺼내 이 나무판들을 사무실 바닥재로 사용했는데, 공교롭게도 크기가 꼭 맞았다. 알고 보니 그는 물건이 들어오기 전부터 이미 이 나무판들을 사무실에서 사용할 계획을 세웠던 것이었다. 이것이야말로 일거양득이며, 또한 자원을 충분히 활용할 줄 아는 소중한 지혜이기도 하다.

일을 할 때는 항상 더 좋은 결과와 더 높은 효율을 거둘 수 있도록 노력해야 한다. 포드는 '미국의 어셈블리 라인Assembly Line, 여러 부품을 모아 컨베이어 체계에서 제품으로 조립하는 일괄 생산 방식 창시자'로 칭송받고 있다. 그가 이런 영예를 누리게 된 이유는 바로 현대식 어셈블리 라인을 창조하여 업무 효율을 크게 향상시킨 데 있다. 포드는 효율을 대단히 중시한 천재였다. 그는 쓸데없이 시간을 낭비하는 악습을 철저하게 분석하고 엄격하게 지적했다.

다음은 포드가 정리해놓은 시간을 낭비하는 악습들이다. 하나하나 자세히 살펴보고 혹시 당신도 똑같은 잘못을 범하고 있는 것은 아닌지 표시해 보자.

- 전화기를 붙들고 있는 시간이 길다.
- 친구들의 방문이 잦고 접대하는 시간도 항상 길다.
- 메일을 너무 길게 쓴다. 실제로 3분의 1의 분량이면 충분히 자신의 의사를 전달할 수 있다.
- 지엽적인 일에 시간을 너무 많이 투자해 오히려 큰일에 소홀하다.
- 어떤 정보나 교훈도 주지 않는 독서에 열중한다.
- 노는 데 시간을 너무 많이 투자하고 횟수도 지나치게 잦다.
- 자신에게 전혀 도움이 되지 않는 사람과 함께 보내는 시간이 길다.
- 광고 전단지를 보고 있는 시간이 길다.
- 출근 후 하루 계획을 짜기보다 헛된 망상을 하며 시간을 허비한다.
- 업무를 진행하면서 왜 이 일을 이렇게 해야만 하는지 변명하기 바쁘다.

포드는 위와 같은 악습들을 열거한 후 매우 안타까운 심정으로 이렇게 말했다.

"이처럼 사람들은 매일 쓸데없는 일에 시간을 허비하고 있다. 그 가짓수 역시 놀랄 만큼 많다. 이런 일에서 스스로 해방되지 못한다면 절대 성공하는 현대인이 될 수 없다."

포드가 열거한 이런 악습들을 당신도 범하고 있지 않는가? 포드의 외침에 가슴이 뜨끔해지지 않는가?

업무 효율이 상상을 초월할 정도로 높은 유명한 엘리트가 있었다. 그는 가장 먼저 하루 일과를 다음의 세 가지로 나누는 것부터 시작했다.

첫째, 새로운 비즈니스 아이디어를 제공하거나 매출액을 높일 수 있는 모든 업무

둘째, 현 상태를 유지하거나 현 상태를 지속해 나가기 위한 모든 업무

셋째, 반드시 해야 하지만 회사와 이윤 창출에 어떤 도움도 되지 않는 모든 업무

그는 첫 번째 업무를 완수하기 전까지 절대 두 번째 업무를 시작하지 않았다. 마찬가지로 두 번째 업무를 완수하기 전에는 절대 세 번째 업무에 착수하지 않았다. 또한 그는 스스로에게 이렇게 요구했다.

"너는 반드시 한 가지 습관을 길러야 해. 어떤 일이든 몇 분 안에 혹은 하루, 일주일 안에 꼭 완수한다는 기한을 정하는 거야. 이렇게 하면 절

대로 일을 미루지 않고 기한 안에 꼭 해내려고 노력할 거야."

이 사례를 통해 우리는 분초를 아끼면서 정해진 스케줄에 따르는 업무 방식과 그것이 제공하는 진정한 가치를 배울 수 있다.

시장 경제 시대에는 새로운 직업 정신이 필요하다

과거에는 황소처럼 묵묵히 일하는 사람이 대접을 받았다. 물론 어떤 시대든 노고를 마다하지 않고 부지런히 일하는 '황소' 정신이 필요한 것은 사실이다. 하지만 모든 일에 효율을 중시하는 시대를 맞아 '묵묵한 황소'처럼 고개를 숙이고 열심히 일하는 것만으로는 부족하다. 그래서 나는 시장 경제 시대에 새로운 직업 정신을 제시하고자 한다. 이 정신의 핵심은 바로 효율성의 강조이다. 묵묵한 황소에게 반드시 '효율'과 '결과'라는 날개를 달아주어야만 한다. 시장 경제 상황 하에서의 성공 법칙을 반드시 기억하라!

- 회사를 위해 부를 창조해야만 회사도 당신에게 부를 제공한다.
- 회사를 위해 공간을 창조해야만 회사도 당신에게 공간을 제공한다.
- 회사를 위해 기회를 만들어야만 회사도 당신에게 기회를 제공한다.
- 이를 위해서는 특히 해법 찾기를 중시하지 않으면 안 된다.

우리가 사는 이 시대에는 바쁜 사람들이 대단히 많다. 그들은 매일 바쁘게 출근하고 바쁘게 말하며 바쁘게 일한다. 그러나 월말 결산 시기가 되면 일 하나도 제대로 처리 못한 자신을 발견하게 된다. 그들은 왕왕 '바쁘다'는 말로 자신의 노력을 포장하려고 한다. 하지만 이런 바쁨은 그저 '헛수고'일 따름이며, 자신이나 회사에 아무런 이익도 가져다주지 못한다.

모든 일에 해법을 중시하는 '바쁜 사람'이 되라. 이렇게 바빠야만 효율과 가치가 있다. 어떤 일이든 결과와 공로를 중시하는 사람이 되라. 그래야만 발전 속도가 빠르고 사람들의 인정과 보답을 받을 수 있다.

STORY 5

정신만 똑바로 차리면
항상 문제보다 해법이 많다

••• 우리가 성공하지 못하는 이유는 바로 문제에 굴복하기 때문이다. 이유 없이 문제를 크게 부풀리고 스스로를 경시하는 것이다. 문제의 해결 방법을 찾고자 노력한다면 못 찾을 이유가 있겠는가? 해결 방법은 찾으면 찾을수록 찾기 쉽고, 해결 방법을 쉽게 찾을수록 커다란 가치를 창조할 수 있다. 이는 해결 방법을 찾는 자신감을 높여줄 뿐 아니라 해결 방법을 찾는 비결까지 얻게 해준다.

어느 회사 정문 앞에 걸려 있는 "정신만 똑바로 차리면 항상 문제보다 해법이 많다"라는 표어가 내 눈길을 사로잡았다. 나는 그 회사의 사장을 찾아가 이유를 물었다.

"왜 이 표어를 회사에서 가장 눈에 띄는 곳에 걸어 놓았습니까?"

그러자 사장이 웃으면서 이야기 하나를 들려주었다.

이십 년 전, 네이멍구內蒙古의 외지고 가난한 마을에 평범한 청년 하나가 살고 있었다. 하루는 가족 중 한 명이 병에 걸렸지만 수중에 돈이 없어서 의사를 부를 수 없었다. 청년은 마을 사람들에게 의사를 부를 돈 2위안을 빌리려고 했지만 온 마을을 돌아다녀도 그 돈을 빌릴 수 없었다. 마을 사람들도 돈이 없었기 때문에 청년에게 빌려줄 수 없었던 것이다.

청년은 큰 충격을 받았다. 그는 마을에서 이렇게 살다가는 아무런 희망도 없겠다는 생각이 들었다. 열아홉 살이 되던 해, 그는 돈을 벌기 위해 찐빵 6개를 들고 자전거를 타고서 80킬로미터나 떨어진 도시로 나갔다.

하지만 도시에서 일자리를 찾기가 만만치 않았다. 게다가 고등학교도 졸업하지 못한 그가 제대로 된 직장을 구하기란 하늘의 별 따기와 같았다. 그는 건설 현장에서 심부름하는 잡일을 겨우 찾았다. 하루 일당은 1.7위안이었다. 밥이나 배불리 먹을 수 있는 돈이었지만 그는 최대한 아껴서 매일 1위안씩 집에 생활비로 보냈다.

비록 형편이 매우 어려웠지만 그는 "평생 이렇게 살지는 않을 거야!"라고 하며 끊임없이 자신을 단련했다. 또한 자신의 존재를 알리기 위해 남들보다 더욱 열심히 일했다. 2개월 후, 그는 마침내 자재부 직원으로 승진했고 일당도 1위안이 더 올랐다.

남들보다 더 열심히 노력한 덕택에 안정된 위치에 오르게 되었지만 그는 여기서 만족하지 않았다. 그는 사람들에게 더욱 더 인정받는, 회사 내에서 없어서는 안 되는 사람이 되겠다고 결심했다.

'어떻게 해야 이 목표를 이룰 수 있을까?' 여러 날을 고민한 끝에, 마침내 그는 회사 내에서 개선이 필요한 것들을 떠올렸다.

'작업장의 생활이 너무 무미건조한데, 어떻게 하면 동료들과 함께 여가 시간을 좀 더 알차게 보낼 수 있을까?'

해법을 고민하던 그는 자신의 일당을 조금씩 아껴 『삼국지』 『수호전』 등의 명작들을 사서 열심히 읽은 후 사람들에게 들려주었다. 그러자 저녁 식사 이후의 무미건조했던 시간이 가장 즐거운 시간으로 탈바꿈했다. 매일 동료들의 기쁨에 찬 웃음소리는 그에게 크나큰 상과 다름없었다.

그러던 어느 날 그에게 뜻밖의 행운이 찾아왔다. 공사 현장을 시찰 나왔던 사장이 그의 뛰어난 입담에 반해 그 자리에서 그를 홍보 담당 직원으로 승진시켰다. 작은 아이디어 하나가 불러온 행운이었다.

이 일로 그는 더 큰 자극을 받았다. 그는 건설 현장의 모든 문제들을 자신이 주인공이라는 적극적인 마음가짐으로 신속하게 처리했다. 야근하는 동료들이 아무데나 소변을 누는 습관을 고치지 못하자 궁리 끝에 신식 화장실을 만들어 주었다. 또 성격이 포악한 동료 하나가 술만 마시면 십장과 싸우려하자 그가 나서서 중재했다. 이렇게 그는 모든 일에 솔선수범했다. 현장 책임자는 그의 행동을 모두 눈여겨보고 있었고, 어느새 그는 현장 책임자의 오른팔 역할을 하게 되었다.

항상 적극적으로 해법을 찾아 나선 그에게 마침내 창업의 기회가 찾아왔다.

어느 날 현장 책임자가 자신이 수주한 공사를 여러 이유들 때문에 포기하기로 했다는 얘기를 들려주었다. 무슨 일이든 방법이 있다고 믿는 그는 현장 책임자에게 절대 포기하지 말라고 권고했다. 현장 책임자는 자신감으로 가득 찬 그를 보며 이렇게 말했다.

"난 이 일을 제대로 해낼 자신이 없네. 자네가 꼭 해야겠다면 앞장서서 이 일을 추진해 주게. 내가 뒤에서 자네를 도와주겠네."

그는 이 말을 듣고 자신의 귀를 의심했다. '이것은 나에게 찾아온 절호의 기회가 아닌가' 그는 조금도 주저하지 않고 현장 책임자의 제안을 수락했다.

하지만 그는 예상치 못한 난관에 부딪혔다. 성 정부에서 받아야만 하는 관인이 무려 17개나 되었다. 당시에는 관인 하나 받는 데도 며칠씩 걸렸다. 그러나 그는 포기하지 않고 이것을 해결할 방법을 생각해냈고 공사도 기간 내에 완수했다. 이로써 그는 인생 최초의 금광을 발굴했다. 도시에 들어온 지 5년째 되던 해, 그는 300만 위안이라는 큰돈을 벌게 되었다.

현재 그는 현지 최대의 건설팀을 보유하고 있을 뿐 아니라 네이멍구 최대의 초업_{사료용 풀을 재배하는 사업} 경영자 중 하나로 성장했다. 매년 1만여 호 농가가 그의 기업에 옥수수, 풀 등의 사료를 제공하고 있다. 수많은 자산을 소유한 그는 어렵게 자란 고향에 전 세계에서 가장 큰 '오레오마이신_{Aureomycin}' 생산 공장을 설립했다. 이 공장의 생산량은 전 세계 생산량의 무려 4분의 1에 달하며, 수많은 마을 사람들이 가난에서 벗어나 부자가 되었다.

이런 기적을 이룬 인물은 바로 네이멍진허內蒙金河 그룹의 왕둥샤오王東曉 회장이다. 왕둥샤오와의 만남은 나에게 정말 큰 기쁨이었다. 그는 이렇게 말했다.

"왜 모든 직원에게 '정신만 똑바로 차리면 항상 문제보다 해법이 많다'는 것을 강조하는지 아십니까? 바로 제가 성공을 거둘 수 있었던 가장 중요한 열쇠니까요. 사람의 일생은 수많은 문제들과 끊임없이 맞닥뜨리고 또 그 문제들과 싸워 나가는 과정입니다. 어떤 문제를 만났을 때 이를 해결할 방법을 적극적으로 찾지 않는다면 과연 문제와의 '전쟁'에서 이길 수 있겠습니까?"

그는 계속해서 강조했다.

"성공하지 못하는 이유는 이유 없이 문제에 굴복해 문제를 확대하고 스스로를 얕보기 때문입니다. 사실 해법을 찾으려고 노력만 한다면 못 찾을 게 어디 있겠습니까? 해법은 찾으면 찾을수록 많은 법입니다. 그러니 항상 해법이 어려움보다 많은 것은 당연하지요"

그로부터 얼마 후 네이멍구의 또 다른 유명한 기업인 멍뉴蒙牛 유업을 참관했을 때, 똑같은 표어를 발견하게 되었다. 멍뉴는 3년 연속 중국에서 성장이 가장 빠른 기업으로 선정되는 영예를 누렸는데, 역시 이런 기업 정신이 밑바탕에 깔려 있었다.

멍뉴의 회장인 뉴건성牛根生이 나에게 말했다.

"뭐가 이상하지요? 이것은 사람이 갖춰야 할 가장 중요한 소양입니다.

회사의 간부든 평사원이든 이런 정신만 가지고 있다면 극복하지 못할 어려움이 어디 있으며, 해결하지 못할 문제가 어디 있겠습니까?"

나는 최근 몇 년간 중국의 네이멍구뿐 아니라 베이징, 상하이, 홍콩, 신장 등 여러 지방에서 성공한 사람들을 많이 만났다. 직위를 막론하고 그들에게는 한 가지 분명한 신조가 있었다. 바로 '항상 문제보다 해법이 많다'는 것이다.

해법을 찾아낼 줄 아는 것이 사람의 가장 큰 장점이다

고등 동물인 인간의 가장 큰 특징은 머리를 쓸 줄 안다는 것이며, 미국의 저명한 기업가인 아이아코카는 이를 몸소 증명해 보였다. 그는 자신이 이룬 큰 성공은 어떤 두 사람과의 밀접한 관계에서 기인한다고 밝혔다. 그중 한 명은 그가 막 입사했을 때 만난 지점의 매니저였다. 그는 아이아코카에게 이렇게 말했다.

"기억하게나. 말은 힘이 무척 세고 개는 충성심이 강하네. 물론 인간은 이에 미치지 못하지. 하지만 인간은 머리를 쓸 줄 안다는 아주 큰 장점을 가지고 있다네. 이것이 바로 자네가 개나 말보다 뛰어난 점이지."

그의 성공에 영향을 끼친 또 다른 한 사람은 바로 그의 아버지였다. 그의 아버지는 지방에 영화관을 열었는데, 매일 노선생나이가 많고 지위가 높은 사람이나 퇴역 군인에게 공짜표 몇 장씩을 지급하는 등의 이벤트를 항상 진행했고, 덕분에 그의 사업은 날로 번창했다.

그런데 어느 날 할인 티켓을 다 나눠주고도 몇 장이 남게 되었다. 영화관 입구에서 이것을 어떻게 처리할지 고민하던 그는 마침 입구에서 놀고 있던 아이들을 보고 한 가지 기발한 아이디어를 떠올렸다. 그는 무리 중에서 얼굴이 가장 더러운 아이들에게 공짜표를 나눠 주었다.

이는 정말 뜻밖의 행동이었다. 이전에는 존경받을 만한 사람들에게 혜택을 준 것과 달리 지금은 지저분한 아이에게 공짜표를 주었던 것이다. 도대체 무슨 생각이었을까? 그의 이런 영업 방식은 일종의 유머이며, 또한 일종의 인간 경영이기도 했다. 그 일이 있은 후에 사람들이 그의 영화관을 더 많이 찾게 되었다.

실패를 두려워하지 말고 시도조차 안 하는 것을 두려워하라

창업을 하든 다른 분야에서 성공을 추구하든 이들의 이치는 모두 똑같다. '실패를 두려워하지 말고 시도조차 안 하는 것을 두려워해야 한다.'는 것이다.

로스 페로Ross Perot는 원래 미국 최대의 컴퓨터 업체인 IBM의 유능한 영업 사원이었다. 다년간의 경험을 통해 그는 많은 사용자들이 컴퓨터의 다양한 기능을 제대로 활용하지 못한다는 사실을 발견했다. 그는 만약 IBM이 데이터서비스 제공 부서를 증설하여 사용자들에게 컴퓨터의 잠재력을 보여준다면 회사가 크게 성공할 수 있다고 여겼다.

이에 로스 페로는 데이터서비스 시장과 관련된 보고서를 치밀하게 작성하여 간부들에게 올렸다. 하지만 뜻밖에도 그의 건의는 간부 회의에서 부결되고 말았다. 그래서 그는 자신이 직접 회사를 설립하기로 마음먹었다.

그러나 한 가지 커다란 문제에 봉착했다. 컴퓨터 가격이 너무 비싸 구입하기도 힘든 상황에서 서비스는 말도 꺼내기 어려웠다. 그러나 그는 전혀 위축되지 않고, 마침내 누구도 생각할 수 없는 획기적인 아이디어를 떠올렸다.

그는 한 보험회사에 '도매가'로 컴퓨터 사용 시간을 임대한 다음, 무선전신 회사 하나를 찾아 '소매가'로 컴퓨터 사용 시간을 팔고 데이터 서비스를 함께 제공했다. 이후 이 사업은 시장에서 연일 주문이 쇄도할 정도로 폭발적인 반응을 일으켰으며, 훗날 그가 설립한 '일렉트로닉데이터시스템EDS, Electronic Data Systems'는 수십억 자산을 보유한 대기업이 되었다.

많은 사람들은 조건이 갖춰져야만 창업을 할 수 있다고 생각한다. 하지만 로스 페로의 성공은 우리에게 '조건이 갖춰지지 않아도 창업할 수 있다'는 이치를 증명해주고 있다.

당신이 굳은 결심을 하고 기꺼이 머리를 쓸 각오가 되어 있다면 필요한 조건들이 당신을 따라올 것이다.

끊임없이 개발한다면 해법을 찾는 능력이 더욱 강해진다

사람의 신경계는 근육과 마찬가지로 끊임없이 단련해야만 강화된다. 단련하지 않은 근육이 금방 시들어 버리듯 우리의 신경계도 그렇게 될 것이다. 혹 기초가 부족하다고 해도 점진적인 노력을 통해 점차 나아질 수 있다.

해법은 찾아 나설수록 더 잘 찾게 되어 있다. 해법을 잘 찾게 될수록 더 큰 가치를 창조해낼 수 있다. 이는 해법을 찾는 자신감을 강화시킬 뿐 아니라 그것을 찾는 비결을 우리가 명확하게 이해할 수 있게 해주며, 나아가 더욱 많은 해법을 찾아낼 수 있게 한다.

제2장

문제보다 해법이 많다

심리작전 :
문제에 대한 두려움을 이겨내라

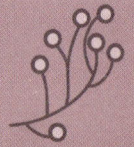

STORY 1

해법을 생각해야만 해법을 얻을 수 있다

••• 해법을 생각하는 것이 해법을 얻는 전제가 된다. 두뇌가 개점휴업 상태라면 아무리 천재라고 하더라도 문제에 닥쳤을 때 전혀 손을 쓸 수가 없다. 사람의 지능 향상은 차근차근 단계를 밟아나가는 과정이다. 당신이 난관에 대한 두려움을 이겨내고 마음을 굳게 다지고 노력해간다면 문제를 해결할 수 있는 방법을 점점 더 많이 찾아낼 수 있고, 지능 또한 남들보다 훨씬 뛰어날 수 있다. 당신의 두뇌를 작동시켜 해법을 생각하라! 절대 지능이라는 기계를 녹슬게 하지 마라.

"정말 어쩔 도리가 없어."

"한 가지 방법도 찾지 못하겠어."

혹시 당신은 이런 말들에 익숙해져 있는가? 당신 주변에서 항상 이런 말들이 넘치지 않는가?

당신이 다른 사람에게 어떤 요구를 제시했을 때, 이런 대답을 듣게 된다면 크게 실망하지 않겠는가?

상사가 당신에게 어떤 임무를 하달했을 때나 동료 혹은 고객이 무언가를 요구했을 때, 당신이 이렇게 대답한 적이 있는가?

당신이 이렇게 대답했을 때, 다른 사람들도 역시 당신에게 똑같이 실망하지 않을까?

"방법이 없다"라는 말은 '스스로 문제를 해결할 수 없다'는 변명거리를 찾는 것과 같다. 그러나 이 말 한마디가 수많은 기회를 없앨 뿐만 아니라 당신이 나아가는 길에 방해물이 될 것임을 명심해야 한다!

정말로 해법이 없는 것일까? 아니면 머리를 써서 그것을 생각할 시도조차 전혀 하지 않은 것일까? 훈련 과정에서 나는 학생들에게 다음의 말을 명심하도록 항상 강조하고 있다.

"발동기는 발동이 걸려야만 에너지를 생산할 수 있다. 똑같은 이치로 해법을 생각해야만 것을 얻을 수 있다."

나는 학생들에게 내가 직접 겪은 경험 하나를 들려주었다.

춘제중국의 설 휴가 전날, 나는 직원들의 어머니에게 줄 선물을 마련하려고 회사 근처에 있는 유명 한약방의 분점을 찾았다.

무엇이 좋을지 이것저것 고르던 내게 보혈제몸의 조혈 작용을 돕는 강장제가 눈에 확 들어왔다.

그런데 점원의 말이 보혈제가 딱 두 팩밖에 남지 않았다는 것이었다. 내가 원하는 수량과는 큰 차이가 있었다. 그래서 나는 본점에서 물건을 좀 들여올 수 없는지 점원에게 물어보았다. 그러자 점원은 이렇게 대답했다.

"물건이 들어오려면 사흘이 걸립니다. 오늘 물건을 주문하면 내일 창고에 전달되고 모레나 되어야 물건을 받을 수 있죠."

그러나 직원들은 가족들을 만나러 오후에 고향으로 내려가야 하지 않는가. 나는 오늘 중으로 물건을 받을 수 있는지 재차 물었으나 점원들 모두 고개만 가로저을 뿐이었다. 나는 화가 나서 소리를 버럭 내질렀다.

"당신네 한약방은 역사와 전통을 자랑하고 신용을 매우 중시한다는 곳이 아닙니까? 지금 고객이 찾는 물건을 다급히 요청하는데 어떻게 해결해볼 생각도 안 합니까?"

점원들의 당황한 표정을 보아하니 내 말이 먹힌 것 같았다. 이에 나는 그들을 다시 격려하며 말했다.

"자, 이 문제를 해결할 방법을 한번 찾아봅시다. 틀림없이 길이 있을 겁니다."

나는 그들과 함께 다른 가능성에 대해 이런저런 의견을 나누었다. 이때 멍씨 성을 가진 여자 점원이 이렇게 말했다.

"그러면 근처의 다른 분점들에 물건이 있는지 전화를 알아보면 어떨까요? 만약 있다고 한다면 먼저 그들에게 빌린 다음 사흘 후에 돌려주기로 하죠."

모두들 그녀의 의견에 동의했다. 그 여점원은 재빨리 안으로 들어가 다른 분점들에 전화를 걸었고 얼마 지나지 않아 만면에 웃음을 띠고 나왔다.

"손님, 방금 근처의 분점들에 전화를 했는데 그들이 가진 물량도 그리 많지는 않다고 합니다. 하지만 물건을 다 모으면 손님이 원하시는 물량이 가능할 것 같습니다. 2층에 있는 휴게실에서 잠시 기다려 주세요. 제가 바로 택시를 타고 가서 찾으시는 물건들을 가져오겠습니다."

여점원의 기지로 문제가 순조롭게 해결될 수 있었다. 비록 사소한 경우이긴 하지만 이 이야기는 누구든 찾으려고만 한다면 반드시 해법이 있다는 이치를 충분히 보여 주고 있다.

나는 긍정적인 마음가짐을 가질수록 더 좋은 해법을 찾을 수 있다고 믿고 있다. 해법이 있다고 믿는 것은 그것을 찾는 전제이다. 만약 두뇌가 개점휴업 상태라면 아무리 천재라도 문제에 직면했을 때 속수무책일 수밖에 없다. 문제를 해결할 가장 적절한 해법은 끊임없이 생각하는 과정 가운데서 찾을 수 있는 것이지 절대 무에서 창출되는 것이 아니다.

2001년 7월 베이징 올림픽 유치에 성공하면서 중국 전역이 크게 들썩인 적이 있다. 국민들 모두 중국의 국력이 전 세계적으로 인정받은 것에 크게 기뻐했으며, 베이징이 경제 발전을 위한 절호의 기회를 잡았다며 매우 자랑스러워했다. 아이러니하게도 1984년 이전에는 모든 국가들이 서로 올림픽을 개최하겠다고 경쟁하지 않았다. 오히려 올림픽 개최 신청을 하는 나라가 얼마 없었다. 상당한 준비 기간이 소요되는 올림픽 개최는 자칫 막대한 손해만 볼 수 있었기 때문이다. 일례로 구소련이 개최한 모스크바 올림픽의 경우 구소련에게 막대한 금전적 손실만 남긴 채 막을 내렸었다.

하지만 1984년 미국 LA 올림픽은 이런 상황이 반전하는 전환점이 되었다. 이 올림픽에서 미국 정부는 한 푼도 손해를 보지 않았을 뿐 아니라 오히려 2억여 달러에 달하는 흑자를 남기는 기적을 이룩했다. 이 기적을 만들어 낸 장본인은 피터 위버로스Peter Ueberroth라는 기업가였다. 초창기에 그는 올림픽 조직위원장의 자리를 거부했지만 사람들의 끈질긴 요청에 못 이겨 그 자리를 수락했다.

위버로스는 모든 올림픽 관련 활동과 기업 및 사회의 관계에 대한 전면적인 검토를 실시했다. 그리고 마침내 올림픽을 통해 돈을 벌 수 있는 많은 아이디어를 생각해냈다. 그중 가장 백미는 올림픽 방송 중계권을 경매에 부친 것이다. 이는 이전 올림픽에서는 없었던 것이다.

올림픽 주최 측이 내놓은 최고 경매가는 1억 5,200만 달러였다. 당시만 해도 이는 천문학적 숫자였지만, 위버로스는 너무 적다는 반응을 보였다. 그는 올림픽에 대한 사람들의 관심이 끊임없이 고조되고 있고, 올림픽이 이미 전 세계인의 주요 관심사가 되었음을 감지했다. 올림픽 기간 중 방송국들은 중계방송을 통해 수많은 이익을 남기고 있었다.

'올림픽 생방송 중계권을 경매 방식으로 내놓는다면 대형 방송국 간에 경쟁이 벌어져 중계권료가 천정부지로 치솟지 않을까?'

위버로스의 이 같은 예상은 정확히 적중했다. TV 중계권료만으로도 2억 달러가 넘는 자금을 조달했다.

이전의 올림픽에서는 1만 5,000킬로미터에 달하는 올림픽 성화 봉송 주자가 모두 유명 인사로 구성되었다. 그러나 위버로스는 기존의 방식을 신체 건강하고 1킬로미터당 3,000달러만 낸다면 누구든 성화 봉송 주자가 될 수 있도록 바꿨다. 이는 그야말로 전대미문의 아이디어였다. 하지만 과연 누가 그 돈을 내고 사서 고생을 하려 할 것인가?

그러나 예상과 달리 뜻밖에도 신청자가 줄을 이었다. 위버로스는 성화 봉송 주자를 유상으로 모집함으로써 4,500만 달러를 벌어들였다.

1984년 LA 올림픽은 위버로스에게 엄청난 영예를 안겨 주었다. 그는 성공적으로 끝난 올림픽을 돌이켜 보면서 대단한 자부심을 느꼈다.

'해법을 생각하면 돌파구는 반드시 있다.'

그가 만약 어려움을 두려워했다면 어떻게 이런 큰 업적을 이룩할 수 있었겠는가?

프랑스의 수학자이자 철학자인 푸앵카레Henri Poincare는 일찍이 이렇게 말했다.

"남들이 생각하지 못하는 뛰어난 영감은 일정한 시간을 거쳐 의식적인 노력이 있어야만 얻을 수 있다. 이런 과정이 없다면 기계는 작동하지 못하고 어떠한 것도 생산해낼 수 없다."

좋은 아이디어를 얻기 위해서는 반드시 더 많은 노력이 필요하다.

사람의 지능 향상은 차근차근 단계를 밟아나가는 과정이다. 당신이 난관에 대한 두려움을 이겨내고 마음을 굳게 다지고 노력해간다면 문제를 해결할 수 있는 방법을 점점 더 많이 찾아낼 수 있고, 지능 또한 남들보다 훨씬 뛰어날 수 있다.

  두뇌를 작동시켜 해법을 생각하라. 절대로 지능이라는 기계를 녹슬게 하지 마라.

STORY 2

어렵다고 하지 말고
전력을 다할 수 있는지 물어라

••• 너무 어렵다고 말하는 일 가운데 분명 최선의 노력을 다하지 않은 것들이 있다. 비록 스스로 '최선을 다했다'라고 말하지만 실제로는 잠재력을 모두 발휘하지 못한 경우도 허다하다. 먼저 '불가능'을 한쪽에 밀어놓고 오직 온힘을 다할 수 있는지만 생각하라. 세상에 '불가능한 일'은 없다. 오직 최선의 노력을 다하지 않아 발생한 실패와 후회만이 있을 뿐이다.

어떤 한 친구가 나에게 괴로움을 호소했다. 회사에서 은행 대출을 받아오도록 지시했는데 원래는 금방 해결될 일이었지만 여러 차례 뛰어다녀도 아직까지 임무를 완수하지 못했다는 것이다.

"이런 시구가 있지. '산이 첩첩疊疊하고 물이 겹겹이라 길이 없을 것 같지만 버들이 그윽하고 꽃이 밝은 또 한 마을이 있네.' 이 시구를 보면서 나는 항상 버들이 그윽하고 꽃이 밝다고 생각했는데, 사실은 산이 첩첩하고 물이 겹겹이라 길이 없더구만."

그는 몹시 자책하면서 말을 이었다.

"난 정말 최선을 다해 왔어. 지금까지 무슨 일이든 소홀히 한 적이 없었는데 말이야!"

"정말 최선을 다한 것 맞아? 정말 '최선을 다한다'는 것이 무얼 의미하는지 아는 거야?"

내 말에 그는 말문이 막혔는지 가만히 나를 바라보기만 했다. 나는 그에게 일본 시찰을 갔을 때 들은 이야기를 들려주었다.

도코 도시오는 일본 경제계에서 명성이 자자한 인물이다. 그가 도시바를 재정비하러 나섰을 때, 자금 부족이라는 어려움에 부딪혔다. 당시는 제2차 세계대전이 막 끝난 무렵으로 자금을 조달하기가 쉽지 않았다. 그는 모 은행으로 가서 대출을 신청했지만 자금대출부 부장은 매우 냉담한 반응을 보였다. 그의 부단한 노력으로 부장의 태도는 약간 누그러졌지만 대출 문제에 있어서만은 절대로 불가하다는 입장을 고수했다.

아무런 소득도 없이 시간만 허비하던 그는 이틀 내에 자금을 투입하지 않으면 회사의 전 라인이 가동을 멈춰야 하는 위기에 직면하게 되었다. 이에 도시오는 어떻게 해서든 그 부장에게서 꼭 자금을 빌리고 말겠다는 결사의 각오로 임했다.

그는 비서를 시켜 큰 봉지를 준비하도록 한 다음 길거리에서 파는 도시락 두 개를 봉지에 넣고 곧장 은행으로 달려갔다. 그는 부장을 보자마자 큰소리도 치고 구슬리기도 하면서 대출을 부탁했지만 그 부장은 아랑곳하지 않았다.

두 사람 사이에 한바탕 설전이 오가는 동안 어느덧 퇴근 시간이 다 되고 있었다. 퇴근을 알리는 종소리가 울리자 부장은 아주 무거운 짐을 덜었다는 듯 서류를 정리하면서 퇴근을 서둘렀다. 그러자 도시오가 봉지 안에서 도시락 두 개를 꺼내면서 이렇게 말했다.

"부장님께서 힘드시다는 것은 잘 알고 있습니다. 그래서 우리가 좀 더 이야기를 나눌 수 있도록 특별히 도시락을 준비했습니다. 초라한 도시락이지만 부디 거절하지 마시기 바랍니다. 저희 회사가 호전되면 부장님의 은혜 절대 잊지 않겠습니다."

도시오의 뜻밖의 행동에 부장은 어찌할 바를 몰랐다. 그러나 도시오가 보여준 굳은 의지는 결국 그에 대한 믿음으로 바뀌어 부장은 마침내 대출 신청을 허가했다.

이야기를 다 들려준 후 나는 친구에게 말했다.

"도시오와 비교해서 자네가 최선을 다했다고 말할 수 있는지 생각해봐."

친구가 웃으면서 대답했다.

"우리는 종종 스스로 최선을 다했다고 생각하지. 실제로는 전혀 모든 노력을 기울이지 않고서 말이야."

맞는 말이다. 우리가 너무 어렵다고 말하는 일 가운데 분명 최선의 노력을 다하지 않은 것들이 있다. 또 비록 스스로 '최선을 다했다'라고 말하지만 실제로는 잠재력을 모두 발휘하지 못한 경우도 많다. 그래서 문제와 곤란에 직면했을 때, 절대로 불가능하다고 말하지 말고 먼저 스스로에게 이렇게 반문하라.

"내가 지금 최선을 다했는가?"

'절대 ~하지 않으면 안 된다'의 상황까지 자신을 몰아붙여라

어려움은 우리가 노력을 거부하는 첫 번째 이유이다. 정말로 문제를 해결하는 것이 그렇게도 어려운 것일까?

자동차왕 헨리 포드는 'V8 엔진'을 탑재한 자동차를 만들고 싶었다. 그가 이 생각을 엔지니어들에게 얘기했을 때, 그들은 모두 도면상으로는 설계가 가능하지만 현실에서는 제조가 절대로 불가능하다고 말했다. 그러나 포드는 반드시 이 자동차를 만들어내라고 지시했다.

엔지니어들은 어쩔 수 없이 실험에 들어갔다. 몇 개월 후 그들은 포드에게 자신들이 무능하여 그 제품을 만들지 못했다고 대답했다. 그러나 포드는 실험을 계속하도록 지시를 내렸다.

1년여의 시간이 흘렀지만 결과물은 나오지 않았고, 엔지니어들은 모두 빨리 포기하는 게 상책이라고 생각했다. 하지만 포드는 반드시 만들어내라는 명령을 고수했다. 바로 그때, 한 엔지니어가 좋은 아이디어를 생각해냈고 뜻밖에도 쉽게 해법을 찾게 되었다. 이리하여 포드는 절대 불가능하다던 V8 엔진을 성공적으로 제조할 수 있었다.

모두 절대 불가능하다고 여긴 문제를 어떻게 해결할 수 있었을까?

중요한 것은 바로 '불가능'이라는 전제를 한쪽에 제쳐 놓고 오로지 자기 스스로 온힘을 다할 수 있는지, 모든 방법과 가능성을 다 짜낼 수 있는지를 먼저 생각해야 한다는 것이다.

만약 초점을 '불가능'에 맞춰놓으면 두뇌는 온갖 이유를 찾아 정말로 '불가능하다'는 것을 증명하려고 하기 때문에 우리는 문제에 쉽게 굴복하게 된다. 두려움은 사람이 문제에 냉정하게 대처할 수 없도록 만들며, 심지어는 행동의 마비를 일으키기도 한다.

그러나 문제가 어려운지 아닌지를 따지지 않고 오직 최선을 다할 수 있다는 생각만 한다면 온 힘을 다해 자신의 잠재력을 개발할 수 있고, 또한 문제도 쉽게 해결할 수 있다.

자신을 '절대 ~하지 않으면 안 된다'는 상황까지 몰아붙여라. 그러면 상상한 것 이상의 기적을 이룰 수 있을 것이다.

왜 최선을 다하지 않는가

자신의 인생을 절대 바겐세일하지 마라. 바겐세일을 좋아하는 사람은 성공을 이루기 대단히 어렵다.

24세의 해군 장교 카터Jimmy Carter가 하이만 리코버Hyman Rickover 제독의 부름에 응했을 때의 일이다. 리코버 제독은 대화 중에 카터에게 어떤 화제든 하고 싶은 이야기를 하도록 했다. 그런 다음 주제에 맞는 날카로운 질문을 퍼부었고 카터는 연신 식은땀을 흘려야 했다.

둘의 대화가 끝날 무렵 리코버는 그에게 해군사관학교의 성적이 어느 정도인지 물었다. 카터는 즉시 자랑스럽게 대답했다.

"예, 820명 가운데 59등입니다"

그러자 리코버는 미간을 찌푸리며 되물었다.

"왜 자네가 1등이 아닌 거지? 최선을 다한 건가?"

리코버의 물음에 카터는 정신이 번쩍 들었다. 그의 물음은 카터의 인생에 결정적 영향을 미쳤다. 그 후 카터는 모든 일에 최선을 다했고, 훗날 미국 대통령의 자리까지 올랐다.

'최선의 노력을 다한다'는 것은 스스로에게 변명의 여지를 주지 않는 것이며, 살아가면서 스스로 최대의 시련을 겪게 하는 것이다. 또한 이것은 의식의 초점을 어떻게 문제를 해결할 수 있는가에 정확히 맞추게 하고, 문제 해결에 대한 조바심을 가라앉히게 하여 가벼운 마음으로 지혜를 모아 삶의 기적을 창조해내게 만든다.

'나는 이미 최선을 다했어'라는 허상에서 스스로를 해방시켜라

최선의 노력을 다하지 못하는 이유 가운데 하나는 '나는 이미 최선을 다했어'라는 허상에 빠져 있기 때문이다. 즉, '나는 이미 끝까지 해봐서 더 이상 앞으로 나갈 수 없다'는 생각 말이다. 이것은 도전을 받아들이고 싶지 않은 변명에 불과하다.

이나모리 가즈오는 일본 경제계에서 '경영의 신'으로 추앙받고 있다. 그가 설립한 교토세라믹현 교세라 Kyocera은 일본에서 가장 유명한 하이테크 기업 중 하나다. 회사가 설립된 지 얼마 되지 않아 그 유명한 마쓰시타 전기의 TV 브라운관 부품인 U자형 절연체 주문을 받게 되었다. 이 주문은 신흥 기업인 교토세라믹의 입장에서 보자면 대단히 큰 의미를 가지는 것이었다. 그러나 마쓰시타 전기와 사업을 하기란 결코 쉬운 일이 아니었다. 업계에서는 마쓰시타 전기에 대해 "당신 꼬리에 붙은 털끝까지도 전부 뽑아 버린다"고 평가하고 있었다.

교토세라믹이 생산한 상품의 질에 크게 만족한 마쓰시타 전기는 물건을 납품할 수 있는 기회를 주었다. 하지만 마쓰시타 전기는 해마다 납품 공급 가격을 내리도록 요구했다. 그러자 교토세라믹의 일부 직원들은 더 이상 방법이 없다는 생각에 사기가 크게 떨어졌다. 할 수 있는 방법은 모두 다 동원했다고 생각했기 때문이었다. 이 상태가 계속 지속된다면 이윤이 남지 않아 차라리 사업을 포기하는 것만 못했다.

하지만 가즈오는 '마쓰시타 전기와의 문제는 분명 해결하기 쉬운 것은 아니다. 그렇다고 여기서 굴복해 버리면 우리의 잠재력을 썩힌 채, 그저 실패의 변명거리를 찾는 것에 불과하다'고 여겼다.

그는 여러 차례의 실험을 거쳐 마침내 '아메바 경영'이라는 새로운 경영 방식을 창조해냈다. 이는 회사를 하나하나의 아메바 조직으로 나누기 때문에 독립 채산제국영 기업의 자립적 운영을 위하여 채택한 경영 방식이다. 국영 기업이 국가 예산의 보조 없이 독립 회계를 설치하여 기업자적 창의성을 발휘시켜 수익성을 높이는 데 목적이 있다의 성격을 띠게 되며, 원가를 낮추는 책임을 직원 개개인에게까지 적용할 수 있다. 상품 포장을 책임지는 지원마저도 상품을 포장하기 위해 사용하는 끈의 원가가 얼마인지 알고 있기 때문에 끈 하나를 낭비하면 얼마의 손실이 발생하는지 정확히 인식하게 된다. 이런 방식을 도입하자 원가가 크게 절감되었고, 마쓰시타 전기가 요구하는 가혹한 가격 조건을 만족시키면서도 이윤이 큰 폭으로 증가했다.

노력을 해도 쉽게 해결하기 어려운 문제는 어디에나 존재하기 마련이다. 그리고 이런 문제들 앞에서 더 이상의 노력은 헛수고일 뿐이라고 여기며 포기해 버리는 경우도 있다. 하지만 당신이 정말로 피땀 흘려 노력을 기울인다면 '어려움'이란 것이 당신 자신 속의 '심리적 질곡'임을 깨닫게 될 것이다. 부단히 노력하면 잠재력은 더 많이 개발될 수 있다. 노력이 부족하다면 자신의 잠재력이 어느 정도인지 당연히 알 수 없다.

'나는 이미 최선을 다했어'라는 허상에서 자기 자신을 해방시켜라. 노력을 기울인다면 아직 개발되지 않은 잠재력이 얼마나 많은지 발견하게 될 것이다.

STORY 3

두려워해야 할 것은
바로 두려움 그 자체이다

••• "두려워해야 하는 것은 바로 두려움 그 자체이다. 모호하고 경솔하고 이치에 전혀 맞지 않는 두려움 말이다."

우리가 느끼는 위험이나 두려움은 사전에 형성되거나 왜곡된 것이다. 사전에 형성된 두려움은 진실을 왜곡할 경우가 많은데, 실제로는 상상한 것만큼 그렇게 심각하지 않다. 문제의 심각성은 우리 스스로가 과대 포장한 것으로 '어려움'은 바로 여기서 비롯된다. 두려움을 똑바로 보고자 노력한다면 두려움은 연기처럼 사라져버릴 것이다.

일을 하면서 다음과 같은 상황에 닥쳐본 적이 있는가? 어떤 문제가 산처럼 우뚝 서서 당신의 앞을 가로막아 아무리 이겨 내려고 해도 불가능했던 적 말이다.

이러한 상황을 경험하는 건 결코 이상한 일이 아니다. 그러나 어려운 문제에 대한 두려움 때문에 문제를 해결하려는 노력을 포기한다면 그것은 옳지 못하다.

도전에 맞서지 못한다면 쉽게 두려움에 빠진다

우리 반의 젊은 여학생 미스 룽은 관광과 관련된 대학을 졸업하고 바로 유명 호텔의 종업원으로 취직했다. 그런데 일을 시작한 지 얼마 지나지 않아 난처한 문제를 만나게 되었다.

어느 날 한 미국인 손님이 초조하게 호텔의 당직 주임을 찾아와 자기 상황을 설명했다. 자신이 중국에 오기 전, 미국-일본-홍콩-베이징-하얼빈-선전-싱가포르로 가는 항공권을 예약했는데, 그만 깜빡하고 하얼빈으로 가는 비행기 티켓을 제때 확인하지 않는 바람에 '홍콩항공'에서 예약을 취소했다는 것이다. 그 손님은 중요한 계약을 체결하려 하얼빈으로 가는 중이었다. 만약 제때 도착하지 못하면 큰 손실을 입을 형편이었다.

호텔 지배인은 즉시 룽과 고참 종업원 한 명을 불러 이 문제를 해결하도록 지시했다. 그들은 함께 민항기 티켓 매표소로 가서 매표원에게 다급한 상황을 설명하고 도움을 요청했다. 그러나 매표원은 홍콩항공이 취소한 비행기 티켓은 자기네와 무관하다며 요청을 거절했다. 새로 표를 사면 됐지만 불행히도 표는 이미 매진되었다. 그들은 다시 한 번 매표원에게 부탁했으나 자기들도 어쩔 수 없다는 대답만 돌아올 뿐이었다.

"다른 방법이 전혀 없다는 말입니까?"

룽이 매표원에게 물었다.

"그렇게 중요한 손님이라면 VIP룸으로 한번 올라가 보세요."

그들은 즉시 VIP룸으로 뛰어 올라갔다. 그런데 경비가 문을 가로막고 서서 그들에게 VIP 증을 요구하는 것이었다. 경비의 말에 그들은 당황하기 시작했다. 지금 당장 어디 가서 VIP 증을 가져온단 말인가.

룽은 경비에게 다시 한 번 자초지종을 설명했지만 경비는 그들을 들여보내지 않았다. 이때 그녀의 머릿속에 좋은 생각이 떠올랐는지 경비에게 이렇게 물었다.

"만약 VIP 티켓을 사려면 누구를 찾아가야 합니까?"

"반드시 사장님을 만나야 합니다. 하지만 찾아가시지 않는 게 좋을 겁니다. 지금 표가 거의 없거든요."

여러 차례의 난관이 계속되자 함께 간 선배는 사장을 찾아가도 별 수 없을 것이라고 생각하면서 룽의 팔을 끌며 말했다.

"됐어, 다 끝났다고. 이제 그만 돌아가자. 우린 최선을 다했잖아."

그 순간 룽도 마음이 약간 흔들렸다. 하지만 그녀는 이내 그런 생각을 떨쳐버리고 조금도 주저하지 않고 사장실로 걸어 들어갔다. 그녀는 사장을 만난 후 자초지종을 상세하게 설명했다. 그녀의 이야기를 다 들은 사장은 땀범벅이 된 그녀의 얼굴을 빤히 쳐다보며 미소를 띠었다.

"이 일을 시작한 지 얼마나 됐나요?"

일을 시작한 지 얼마 되지 않았다는 그녀의 말에 사장은 책임을 다하는 그녀의 태도에 크게 감명을 받았다.

"우리에게 VIP 티켓이 딱 한 장 있습니다. 중요한 고객을 위해 남겨둔

것이죠. 저는 당신의 투철한 직업 정신과 손님을 위해 최선을 다하는 모습에 큰 감동을 받았습니다. 그 표를 드리겠습니다."

그녀가 비행기 티켓을 눈이 빠져라 기다리던 그 손님에게 건네주자, 그는 기뻐서 어쩔 줄 몰라 했다. 호텔 지배인이 이 사실을 알고 모든 직원이 모인 자리에서 그녀를 크게 칭찬했다. 얼마 후 룽은 주임으로 승진했다.

"어떻게 그 일을 해낼 수 있었지?"

나의 물음에 그녀는 이렇게 대답했다.

"사실 제 선배가 전혀 희망이 없다고 말했을 때, 저 역시 포기할까 생각했습니다. 이미 여러 차례 거절당했는데 또다시 사장을 만나 거절당한다면 정말 비참할 것 같았거든요. 그런데 그때 선생님께서 수업 시간에 들려주신 루스벨트의 일화가 생각났어요. 그것이 저에게 큰 용기를 주었답니다."

프랭클린 루스벨트Franklin D. Roosevelt가 미국 대통령에 취임했을 때, 미국 경제가 침체에 빠져 전국적인 공황이 발생했다. 그는 미국의 경제를 부흥시키기 위해 뉴딜 정책을 추진하기로 결정했다. 하지만 뉴딜 정책을 실시하려면 먼저 민심을 진작시킬 필요가 있었다. 그는 미국 국민들을 향해 '전쟁의 두려움'이라는 유명한 강연을 하면서 다음과 같은 명언을 남겼다.

"우리가 유일하게 두려워해야 하는 것은 바로 두려움 그 자체입니다.

모호하고 경솔하고 이치에 전혀 맞지 않는 두려움 말입니다."

루스벨트는 문제를 바로 보고 어려움을 이겨 내면서 과감한 조치들을 취하여 미국을 경제 위기에서 벗어나게 했다. 뿐만 아니라 반파시스트 전쟁에 참가하여 제2차 세계대전의 승리를 이끌었다.

'모호하다'는 것은 확실히 알지 못한다는 것이고, '경솔하다'는 것은 신중하지 못함을 가리킨다. 진정으로 문제와 부딪쳐보지도 않은 채, 오히려 이유 없이 문제를 크게 확대하여 마음속에 두려움을 키우고 그 상황에서 스스로 도피하려고 한다. 결국에는 자기 스스로 패배의 구렁텅이에 들어가고 만다. 업무 활동이나 생활 속에서 우리는 종종 이러한 잘못을 범한다.

그러나 대부분의 문제는 우리가 상상하는 것만큼 그렇게 심각하지 않다. 경솔함과 두려움이라는 베일을 찢어버릴 수 있다면 문제는 쉽게 해결될 수 있다.

자신의 능력을 적극적으로 표현하라

조지 패튼George Smith Patton 장군은 일찍이 이렇게 말했다.

"용감하다면 두려움이 없다. 그런데 나는 지금까지 용감한 사람을 한 명도 만나지 못했다."

아무리 용감한 사람도 두려움을 느낄 때가 있다. 그렇다면 우리가 두려움에서 벗어나 진정한 용기를 갖기 위해서 어떻게 해야 하는가? 가장 효과적인 방법은 자신의 능력을 적극적으로 표현하는 것이다.

미국의 대통령이었던 아이젠하워Dwight David Eisenhower의 어릴 적 경험담을 살펴보자.

그가 다섯 살 때 삼촌 집에 놀러 갔을 때의 일이다. 집 뒤뜰에서 큰 거위 한 쌍을 키웠는데, 수거위가 그를 보더니 갑자기 괴상한 소리를 내면서 그에게 달려들었다. 어린 꼬마가 이 공포를 어떻게 견딜 수 있었겠는가. 그는 뒤도 돌아보지 않고 냅다 달려가 어른들 앞에서 울면서 하소연했다. 삼촌은 낡은 빗자루를 아이젠하워에게 건네고는 거위를 가리키며 말했다.

"넌 틀림없이 수거위를 이길 수 있어!"

또다시 거위가 그에게 달려들자 그는 빗자루를 손에 쥐고 온몸을 벌벌 떨었다. 그러나 어디서 용기가 났는지 아이젠하워가 갑자기 큰소리를 내며 수거위에게 빗자루를 흔들어 댔다. 거위가 고개를 숙이고 도망가자 그는 급히 거위를 쫓아가 있는 빗자루로 있는 힘껏 내려쳤다. 거위는 비명을 지르며 꽁무니를 빼고 달아났고, 그 이후로 거위는 아이젠하워를 보기만 하면 몸을 숨겼다. 아이젠하워는 이 경험을 통해서 용감하게 싸우면 상대를 무찌를 수 있다는 교훈을 얻었다.

아이젠하워가 학교를 다닐 때 일이다. 그와 나이는 비슷하지만 몸집이 우람하고 싸움을 좋아하는 남자아이가 하교할 때마다 그를 계속 쫓아다녔다. 하루는 아이젠하워의 아버지가 이 광경을 목격하고 아들에게 크게 소리쳤다.

"왜 저 애한테 쫓겨서 도망만 치고 있는 거야? 가서 저 녀석을 쫓아버려!"

아버지의 말에 그는 하는 수 없이 그 자리에 멈춰 서서 두려운 적수를 대면했다. 아이젠하워가 갑자기 반격하자 상대방은 깜짝 놀라며 다급히 도망쳤다. 아이젠하워는 용기백배하여 그 아이의 멱살을 잡고는 정색을 하면서 경고했다.

"다시 한 번 나를 귀찮게 하면 가만두지 않을 거야!"

이 사건을 통해 그는 또 하나의 교훈을 얻었다. 무력을 휘두르며 위세를 부리는 사람은 겉으로는 강해 보이나 속은 텅 비어 있으며, 이를 감추기 위해 괜히 겁을 주려한다는 것이다.

호랑이는 열 마리 중 일곱이 사람을 무서워한다

강한 상대를 만나면 당연히 두려운 마음이 생긴다. 그러나 당신이 상대를 두려워하는 것처럼 상대도 당신을 두려워할 수 있으며, 상대방의 두려움이 더 클 수도 있다는 사실을 잊지 마라. 이런 상황에서는 좀 더 과감한 사람이 승리를 얻을 수 있다.

어떤 협상도 쉽게 성공으로 이끄는 친구가 하나 있다. 그는 수많은 협상의 기술을 속속들이 꿰고 있었다. 예를 들면 '지피지기면 백전불태', '도리와 이익과 절차를 중시하라' 등이 그것이다. 이 기술만 익혀도 웬만한 상대를 이길 수 있다.

그러나 만만치 않은 상내를 만났을 때는 이런 기술 외에 심리적인 면이 대단히 중요하다.

"진정한 고수를 만났을 때, 나 역시 두려움을 피할 수는 없다네. 하지만 그럴 때마다 나는 아버지께서 들려주신 '사람은 열 명 중 세 명이 호랑이를 무서워하지만 호랑이는 열 마리 중 일곱이 사람을 무서워한다'는 말로 마음을 다잡지."

사냥꾼이 호랑이를 만나면 당연히 사냥꾼은 호랑이를 무서워한다. 하지만 호랑이는 총을 든 사냥꾼을 더 무서워한다. 그렇다면 당신을 더 무서워하는 호랑이에게 두려움을 느낄 필요가 없다.

STORY 4

'발로 꿈을 이루는 법'을 배워라

••• 착실하게 행동으로 옮겨야만 꿈을 현실로 바꿀 수 있다. 공허한 몽상과 염원만 있고 각고의 노력을 쏟지 않는다면 결국에는 '달걀을 낳지 못하는 닭'이 될 뿐이다. 다른 것은 돌아보지 말고 과감하게 행동하라. 선한 마음과 진리만으로 여태껏 인류를 치유한 적이 없고, 한 개인조차도 치유하지 못하기 때문이다.

뛰어난 성적을 거두고 싶지 않은 사람이 어디 있으며, 회사에서 두각을 나타내고 싶지 않은 사람이 또 어디 있겠는가?

사람들은 모두 이상을 가지고 있다. 그러나 자신의 이상이 꿈속을 헤매고 있다면 이는 허무한 꿈에 불과하다. 이와 반대로 자신이 가진 이상을 착실하게 행동으로 옮겨 실천한다면 많은 사람이 불가능하다고 여기는 일까지도 현실로 바꿀 수 있다.

머리로 꿈을 생각하고 발로 실천해야 한다. 착실하게 행동으로 옮겨야만 비로소 꿈은 이루어질 수 있다.

'달걀을 낳지 못하는 닭'이 되지 마라

발자크Honore de Balzac가 명성을 얻은 후, 어느 날 한 할머니가 다 찢어진 초등학생 작문 노트를 들고 와 그에게 보여 주며 물었다.

"대작가님, 이 글을 쓴 아이가 천재인가요? 장래에 작가가 될 재목감인지 봐주세요."

발자크는 노트를 쭉 훑어보면서 대답했다.

"음, 재주가 뛰어나지 않고 재기도 부족해서 작가가 되기는 어렵겠습니다."

할머니는 그의 말을 듣고 크게 웃으며 말했다.

"이 작문 노트의 주인이 누군지 아십니까? 바로 당신입니다."

하지만 발자크는 난처한 기색도 없이 웃으며 대답했다.

"저는 틀린 말을 하지 않았습니다. 오늘의 저는 고통을 견디며 글을 쓴 덕분에 만들어졌습니다. 절대 천부적 재질이나 재기에 의존하지 않았습니다."

러시아의 화학자인 멘델레예프Dmitrii Ivanovich Mendeleev의 이야기 역시 매우 재미있다.

멘델레예프는 아주 오랫동안 심혈을 기울여 화학 원소의 배열과 관련된 연구를 진행하고 있었다. 한번은 사흘 밤낮으로 쉴 새 없이 일한 후,

너무 피곤한 나머지 그만 잠이 들고 말았다. 그런데 꿈속에서 밤낮으로 생각하던 주기율표가 보이는 것이었다. 그는 이 꿈을 통해 오랫동안 그를 괴롭혔던 화학 원소 배열 문제를 성공적으로 해결했다.

훗날 기자가 그를 인터뷰하면서 꿈을 통해 성공하게 된 경험에 대해 이야기해달라고 부탁했다. 기자의 질문에 그는 불만이 생겼다. 그래서 이렇게 말했다.

"뭐라고요? 내가 발견한 주기율표가 고작 몇 시간의 꿈에서 나온 결과물이라고요? 내가 밤낮을 가리지 않고 얼마나 심혈을 기울여 연구를 진행했는지 아십니까?"

영감은 부지런한 노력의 결정체이다. 러시아의 유명한 작곡가 차이코프스키Pyotr Ilyich Tchaikovsky는 일찍이 "영감은 게으른 사람의 방문을 싫어한다"라고 말했다.

중국 속담에도 "사람이 최선을 다하지 않으면 하늘은 절대 기술을 전수해 주지 않는다", "뼛속까지 파고드는 추위가 없는데 어떻게 매화 향기가 코를 찌르겠는가"라는 말이 전해진다. 아무리 훌륭한 아이디어도 성공을 거두려면 반드시 실질적인 노력과 행동이 뒤따라야 한다. 공허한 몽상과 염원만 있고 각고의 노력을 쏟지 않는다면 결국에는 '달걀을 낳지 못하는 닭'이 될 뿐이다.

앵무새는 사람의 말을 하지만 멀리 날지 못한다

미국의 철학자 윌리엄 제임스William James는 『진리의 의미』라는 저서에서 이런 명언을 남겼다.

"순수한 이상은 삶에서 가장 값싼 물건이다……. 가장 값어치 없는 인생인 감상주의자, 몽상가, 주정뱅이, 책임 회피자 및 졸렬한 시인들은 자그마한 노력이나 용기, 인내심조차 전혀 드러내지 않는다. 어쩌면 그들은 가장 풍부한 이상을 가진 자들일지도 모른다."

저명한 작가 츠바이크 Stefan Zweig도 다음과 같이 말했다.

"다른 것은 돌아보지 말고 과감하게 행동하라. 선한 마음과 진리만으로 여태껏 인류를 치유한 적이 없고, 한 개인조차도 치유하지 못하기 때문이다."

위의 말들은 생각만 하고 행동으로 옮기지 않는 사람들과 말만 많고 행동하지 않는 사람들을 겨냥한 것이다. 그렇다면 여기서 어떤 교훈을 얻을 수 있을까?

19세기에 담력과 식견을 갖춘 몇몇 사람들이 하늘을 날고자 시도했다. 하지만 권위를 가진 인사들이 잇달아 그들의 계획을 저지하고 나섰다. 최초로 달과 지구 사이의 거리를 측량한 프랑스 천문학자 르장드르 Andrien Marie Legendre는 공기보다 무거운 장치를 만들어 비행하는 것은 불가능하다고 단언했다. 얼마 후에 독일의 대발명가 지멘스 Ernst Werner von Siemens도 르장드르와 같은 견해를 발표했다. 뒤이어 '에너지 보존 법칙'을 확립한 독일의 물리학자 헬름홀츠 Hermann Ludwig Ferdinand von Helmholtz 역시 물리학적 각도로 기계 장치가 하늘을 나는 것은 망상임을 논증했다.

미국의 라이트 형제는 인류 항공 역사상 위대한 영웅이다. 그들은

1903년에 비행기를 조종해 하늘을 날았다. 비행 후 얼마 지나지 않아 라이트 형제는 유럽 여행을 떠났다. 프랑스의 성대한 환영 만찬회에서 주최자는 라이트 형제에게 연설을 부탁했다. 몇 차례 거절한 끝에 형인 윌버 Wilbur Wright가 자리에서 일어나 짤막하게 연설했다.

"새 중에 말을 할 줄 아는 것은 앵무새임을 다들 알고 있습니다. 그러나 앵무새는 높이 날지 못합니다."

어떤 사람들은 자신의 뛰어남을 증명하고 싶어 하면서도 오히려 대부분의 시간을 자화자찬하는 데 쓰거나 쓸데없는 논쟁을 벌이는 것으로 허비한다. 그러나 정말 뛰어난 사람은 대부분의 시간을 실제 행동하는 데 사용한다.

행동을 수치화하라

사람들은 항상 스스로 바쁘다는 것에 만족하면서도 목표와 결과를 소홀히 하는 안 좋은 습관을 가지고 있다. 따라서 행동을 수치화하는 게 반드시 필요하다.

뛰어난 영업 사원이 되고 싶다면 반드시 행동 지표를 수치화하여 조목조목 실행에 옮겨라.

- 이번 주에 모두 몇 명의 고객을 찾아다녔는가?
- 몇 명의 고객에게 방문 서비스를 했는가?
- 고객에게 안부 전화를 몇 통 했는가?

- 고객에게 특별 서비스를 제공하겠다는 사실을 알렸는가? 몇 가지 특별 서비스를 고객에게 상세히 설명했는가?
- 고객과 만난 후, 그들의 이름, 전화번호는 물론 그들과 다음 약속까지 잡았는가?
- 고객이 거절한 다음에도 아주 부드럽고 정열적인 태도로 다시 한 번 설득해보았는가?
- 고객의 요구를 만족시킨 후, 그에게 구매를 바라는 의사를 명확히 표시했는가?
- 한 고객과의 비즈니스를 성공적으로 마친 후, 그에게 다른 사람을 소개해달라고 부탁했는가?

합리적인 목표를 세우고 위에서 말한 행동 지침만 착실히 실천한다면 맡은 임무를 충실하게 완수할 수 있다.

STORY 5

지금 하지 않는 것은
영원히 하지 않는 것과 같다

···0에서 1까지의 거리가 1에서 1,000까지의 거리보다 더 크다. 수많은 사람들이 성공하지 못하는 이유는 늘 문 밖에서 오랫동안 배회하기 때문이다. 수천 번, 수만 번 말하는 것보다 '한 번이라도' 과감하게 행동으로 옮기는 것이 낫다. 어떤 일이든 용감하게 시작하는 것이 가장 중요하다. 웬만하면 즉시 행동하라. 절대 출발점에서 머뭇거리지 말라.

원대한 포부와 풍부한 창조력을 지닌 A와 B라는 두 명의 청년이 있었다. 그들은 한 회사에 동시에 취직하여 각기 다른 지점에서 일했다.

이 회사는 창조력을 특별히 중시했고, 회사 사장은 어떤 상황에서도 늘 '식원의 창조력이 곧 회사 최대의 자산'임을 강조했다. 물 만난 고기처럼 그들은 이 회사에서 자신들의 원대한 계획을 크게 발전시키고 큰 실적을 올릴 절호의 기회를 얻은 셈이었다.

하지만 1년 후 결산 시기가 되자 두 사람은 각기 다른 대우를 받았다. B는 뛰어난 업무 실적으로 칭찬을 크게 받으며 두둑한 보너스까지 챙겼지만 A는 그저 그런 실적으로 오히려 비판을 받았다.

사실 막 입사했을 때는 A가 사람들에게 더 큰 인상을 남겼다. 그는 B보다 머리가 뛰어나고 사고력도 민첩했으며 학식 또한 풍부했다. 그런데 어째서 그가 B보다 실적이 떨어지게 된 것일까?

인사부 책임자는 이 두 직원을 연구하고 분석한 후 다음과 같은 사실을 발견했다. 1년 동안 두 사람 모두 자신의 창조력으로 회사에 공헌하기 위해 부단히 노력했다. 그런데 이 두 사람에게서 차이점이 하나 발견되었다.

B는 좋은 아이디어가 있으면 곧바로 행동에 옮겼다. 설사 그 아이디어를 실현할 조건이 갖춰져 있지 않고 어려움에 부딪히더라도 그는 조금도 주저하지 않고 실행했다.

반면 A는 머릿속에 수많은 아이디어를 가지고 있었지만 항상 구상하는 단계에만 머물렀고, 또는 어떤 생각이 현실적으로 조건이 갖춰지지 않는 등의 상황에 닥치면 그 생각을 바로 포기하고 다른 아이디어를 구상했다. 이렇게 되자 아무리 뛰어난 아이디어가 많아도 실천에 옮긴 것은 하나도 없었다.

인사부 책임자는 이 점을 분석해낸 후 A를 불러 조언했다.

"A군, 좋은 아이디어가 있으면 가능한 한 빨리 실천에 옮기게. 지금 하지 않는 것은 영원히 하지 않는 것과 같다네."

수많은 사람들이 성공하지 못하는 이유는 그들이 늘 출발점에서 머뭇거리고 문 밖에서 오랫동안 배회하기 때문이다.

여기에는 많은 이유가 있지만 그중 가장 중요한 것은 다음과 같다.

- 능력도 없이 눈만 높거나 환상에 푹 빠져 있다.
- '완벽증'에 걸려서 사소한 조건이라도 갖춰지지 않으면 스스로 부정해버린다.
- 늘 시간이 충분하니까 조금 천천히 해도 괜찮다는 생각을 가지고 있다가 결국 이리저리 미루다가 나중에는 꿈을 묵혀 버린다.

이런 상황에서 어떻게 곧바로 행동으로 옮길 수 있겠는가?

일찍 일어나는 새가 벌레를 잡는다

인생은 짧기 때문에 해야만 하는 일은 바로 실천해야 한다. 조금 일찍 시작하고 조금 일찍 착수하면 남보다 더 빨리 성공에 도달할 수 있다.

진나라의 서예가 왕희지는 12세 때 아버지의 베개 밑에서 선인이 쓴 『필론』이라는 책을 발견하고 이를 몰래 가져다가 읽었다.

"급할 것 없다. 네가 자라면 가르쳐 줄 것이다."

아버지의 말에 왕희지는 다음과 같이 대답했다.

"배움은 기다리는 것이 아닙니다. 마치 길을 가는 것과 같아서 멈추지 않고 가야만 앞으로 나아갈 수 있습니다. 제가 클 때까지 기다린다면 너무 늦습니다."

왕희지는 이런 마음가짐으로 오랜 기간 동안 부지런히 배우고 열심히 익혀서 그의 서예술을 예술의 경지로 승화시켰다. 그는 훗날 '서성書聖'으로 추앙받았다. 이처럼 뛰어난 인재들은 '기다리지만 말고 먼저 시작하라'는 교훈을 우리들에게 일러 주고 있다.

일찍 일어나는 새가 벌레를 잡는다. 한 발짝이라도 먼저 내딛는다면 훗날 틀림없이 더 큰 발전을 이룰 수 있다.

출발점에서 절대로 머뭇거리지 마라

'0에서 1까지의 거리가 1에서 1,000까지의 거리보다 더 크다. 어떤 일이든 과감하게 시작하는 것이 가장 중요하다'

YKK는 1934년 일본에서 요시다 타다오에 의해 설립된 지퍼 생산 회사로 세계 지퍼 시장의 약 45%를 점유할 정도로 영향력이 크다. YKK의 창업자인 요시다 타다오의 인생관은 '70% 주의'이다. 그는 '100% 주의'는 잠재력을 전혀 발휘할 수 없고, 70%에서 시작한다면 성과가 100%에서 그치지 않을 것이라고 생각했다.

그는 강연회에서 다음과 같이 피력했다.

"성공할 수만 있다면 실패도 상관없다. 신중하게 행동하면 실수를 줄일 수 있지만 아무리 기량을 다 발휘한다 해도 50%의 효과밖에 거둘 수 없다. 만약 모든 일을 70%의 가능성에서 출발한다면 부족한 점을 메우기 위해 열심히 노력하므로 성과가 50%에 그치지 않을 것이다."

에머슨Ralph Waldo Emerson의 말도 여기에 딱 부합한다.

"어느 지점까지 갈 때 스무 갈래의 길이 있고 그중 하나가 지름길이라면, 당장 그중 한 길로 발걸음을 옮겨라"

너무 오랫동안 머뭇거리면 행동이 마비된다

행동의 중요성을 모르는 사람은 없다. 그러나 머뭇거리면서 행동으로 옮기지 않으면 결국 불안감을 느끼고 의지의 마비가 오게 된다. 그러므로 두려움 때문에 행동에 옮기지 못하는 것이 아니라 차라리 행동하지 않아서 두려움이 생긴다고 말하는 것이 옳을 것이다.

그렇다면 어떻게 해야 할까? 육군사관학교 생도들의 '일단 부딪쳐보기' 경험을 배워 보는 것도 좋다.

미 육군사관학교의 수상 인명 구조 훈련 중에서 생도들이 가장 무서워하는 것이 있다. 수영장에서 군복을 입고 배낭과 총을 메고 10미터 가까운 높이에서 뛰어내린 다음, 물속에서 배낭을 풀고 군화와 상의를 벗고 나서 이 물건들을 임시로 설치한 막대에 묶어 놓는 것이다.

물론 모든 훈련 과정을 사전에 반복해서 연습하지만 실제로 물로 뛰어들어야 하는 순간에는 대부분의 생도들이 주저하게 된다. 뛰어내리지 않는 것은 당연히 허용되지 않는다. 뛰어내리지 않을 경우 퇴학 조치가 내려진다. 생도들이 주저하다가도 물속으로 몸을 던진다.

대다수 생도들은 성공적으로 뛰어내렸을 때의 흥분은 어떤 말로도 형

용할 수 없다는 반응을 보였다. 그들은 사고가 모든 가상을 억제할 수 있다는 생각을 버리고 기꺼이 행동으로 옮겨야 자신감이 생길 수 있다는 사실을 배우게 된다.

'지금 당장 행동하면' 기적을 이룰 수 있다고 믿어라

수많은 일들의 난이도는 우리가 주저하고 동요함으로써 더욱 높아진다. 막상 그 일들은 우리들이 상상하는 것만큼 그다지 어렵지 않다. 당장 행동하기만 하면 예상 밖의 기적을 이룰 수 있다.

미국 보험업계의 신화적인 존재인 클레멘트 스톤 W. Clement Stone은 어머니가 그에게 강조한 '지금 당장 행동하라'라는 행동 원칙을 일생 최고의 잠언이라고 여겼다. 그는 신문을 팔던 시절부터 줄곧 이 원칙을 고수했으며, 훗날 매우 유능한 '보험 사단'에게 이것을 훈련시켜 백만장자의 꿈을 이루게 되었다.

어느 날 그는 사업이 번창하던 펜실베이니아 상해보험사가 경제 불황을 맞아 영업을 정지했다는 소식을 들었다. 이 회사는 볼티모어 상업신용은행 소유로, 그들은 160만 달러에 이 보험 회사를 매각하기로 결정했다. 스톤은 자신의 돈은 한 푼도 안 들이고 이 회사를 매입할 방법을 생각해냈다. 하지만 그 생각은 그 자신조차도 믿기 어려울 만큼 너무도 절묘해서 그냥 포기해 버리기로 마음먹었다. 그러나 포기라는 단어가 떠오르는 순간, 그는 곧바로 자기 자신에게 "지금 당장 행동하라"라고 외쳤다.

그는 당장 자신의 변호사를 대동하고 볼티모어 상업신용은행과 담판을 진행했다.

"제가 당신들의 보험 회사를 매입하고 싶습니다."

"160만 달러에 가능합니다. 그런데 이 많은 돈을 가지고 있습니까?"

"없습니다. 그래서 당신들에게 빌리려고 합니다."

"뭐라고요?"

상대측은 이 말에 자신들의 귀를 의심했다. 그러자 스톤이 웃으며 그들을 설득했다.

"상업신용은행의 사업은 외부에 돈을 빌려 주는 것 아닙니까? 저는 이 회사의 경영 상태를 정상으로 되돌릴 자신이 있습니다. 그러니 제게 돈을 빌려주십시오."

이는 그야말로 황당무계한 논리였다. 상업신용은행이 자신들의 회사를 매각하면서 돈을 받기는커녕 오히려 매수자에게 돈을 빌려 줘야 한다니. 그리고 매수자인 스톤이 돈을 빌리는 유일한 조건은 뛰어난 보험 영업 능력을 바탕으로 이 보험 회사를 정상 궤도에 틀림없이 올려놓겠다는 그의 자신감뿐이었다.

상업신용은행 측은 여러 방면으로 조사를 벌인 후, 스톤의 경영 능력에 대해 큰 믿음을 가지게 되었다. 그리고 마침내 기적이 일어났다. 스톤은 돈을 한 푼도 안 들이고 자신의 보험 회사를 소유하게 된 것이다. 그는 회사 경영에 뛰어난 수완을 발휘하여 이 회사를 미국 최고의 보험 회사로 만들었다.

좋은 아이디어라면 아무리 그것이 황당해 보여도 즉각 실천에 옮겨야 한다. 실천하지 않는다면 그 결과를 알 수 없다.

『포브스』지의 창립자인 포브스의 명언을 기억하자.

"성공하고 싶다면 지금 바로 행동하라!"

STORY 6

남들보다
여러 길을 더 밟아봐라

••• 걸출한 인재가 되고 싶다면 다른 사람보다 몇 배나 많은 노력을 쏟아야 한다. 결정적 시기에 두각을 나타내고 싶다면 평소에 다른 사람보다 여러 길을 더 밟아봐야 한다. 똑똑하다고 노력을 게을리하지 마라. 똑똑할수록 더 바보같이 노력한 빌 게이츠를 본받아라. 세상이 불공평하다고 투덜대지 마라. 어쩌면 자신의 노력이 부족한 것일지도 모르니까.

'선저우 5호'가 무사히 우주 비행을 마친 후, 중국중앙TV^{CCTV}는 시사프로그램 둥팡스쿵東方時空에서 양리웨이楊利偉와 항공 우주국 책임자를 단독 초청하여 사람들이 가장 관심을 가졌던 '양리웨이는 어떻게 중국 최초의 우주인이 됐을까?'라는 주제로 인터뷰를 진행했었다.

항공 우주국 책임자는 양리웨이를 선택한 세 가지 이유를 설명했다. '첫째, 양리웨이는 5년간의 합숙 훈련에서 성적이 줄곧 상위권을 유지했다. 둘째, 돌발 사건에 대한 대처 능력이 뛰어났다. 셋째, 인간성이 좋고 언변이 뛰어난 데다 이야기할 때 조리가 있었다.'

'선저우 5호'가 정식 비행에 오르기 전, 양리웨이는 수많은 시험을 통과하고 최후의 두 명과 경합을 벌였다. 그 두 명의 우주 비행사는 다른 방면에서는 양리웨이처럼 뛰어난 능력을 보였지만 오직 한 가지에서 차이가 났다. 바로 말재주가 그보다 뛰어나지 않았다는 점이다.

항공 우주국 책임자는 중국 최초의 우주 비행사는 분명히 수많은 언론 매체의 인터뷰를 받을 것이고, 또한 여러 곳을 다니며 순회강연을 해야 하는 점을 고려하여 최종적으로 말재주가 좋은 양리웨이를 선택했다.

물론 양리웨이는 말재주만 좋은 것이 아니었다. 그는 항공 관련 일은 물론 필요한 기술을 배우고 정치를 배우는 등 다른 방면에서도 언제나 최선을 다했다. 훈련 후 종합 결산 회의나 훈련 중간 결산에도 매우 성실하게 응했다. 그는 종합 결산 회의를 열 때마다 준비를 철저히 하여 적극적으로 발언할 뿐만 아니라 조리 있고 침착하게 대답하는 등 다른 두 명의 후보자보다 월등한 우세를 보였다. 이것이 사람들에게 매우 깊은 인상을 남겼다.

이 프로그램이 방송된 후, 나는 강의 시간에 특별히 이 문제를 토론했던 것으로 기억한다. 토론은 매우 열기가 넘쳤고 박사 과정에 있던 한 여성은 "말재주가 이렇게 중요한지 몰랐습니다. 지금부터라도 열심히 배워야겠습니다"라고 말했을 정도였다.

어느 회사의 중간 간부가 다음과 말했다.

"우주 비행사의 조건은 줄곧 '나는 것'과 관련이 있다고 생각했습니다. 그런데 뜻밖에도 최종 선택 과정에서 말재주가 결정적 요인이 되었더군요. 평소에 중요하게 생각하지 않았던 것들이 이렇게 큰 효과를 발휘하는군요."

결정적 시기에 두각을 나타내고 싶다면 평소에 다른 사람보다 더 다양한 길들을 밟아봐야 한다.

똑똑한 사람이 더 바보같이 노력해야 한다

우리는 천부적 재능을 가진 사람이 기적을 창조한다는 고정관념을 갖고 있다. 그러나 과연 기적이 꼭 천부적 재능에 의해 창조되는 것일까?

빌 게이츠William H. Gates가 이 시대 최고의 천재 중 하나라는 데 의심을 가질 사람은 없을 것이다. 그는 정보화 시대의 도래를 예측하여 소프트웨어 회사를 창업하고 자신의 장점과 자본 시장을 결합시켰다. 이 모든 것들은 그가 발군의 예지력을 소유했음을 증명하고 있다.

그렇다면 그는 태어나면서부터 이렇게 총명했던 것일까? 바꿔 말하면 그는 어떻게 이런 총명함을 가지게 됐을까?

나는 마이크로소프트의 간부에게서 빌 게이츠의 어린 시절에 대한 일화를 들은 적이 있다.

빌 게이츠가 중학교에 다닐 때, 선생님이 5페이지짜리 작문 숙제를 내줬는데 빌 게이츠는 무려 30여 페이지에 달하는 작문을 써서 제출했다. 또 한 번은 선생님이 20페이지를 넘지 않는 소설을 쓰도록 했는데 빌 게

이츠는 100페이지가 넘는 글을 거침없이 써서 선생님과 학생들의 눈을 동그랗게 만들었다.

이 일화를 듣고 깜짝 놀란 나는 빌 게이츠에 대한 인식을 바꾸게 되었다. 천부적 재능을 가진 사람도 성공을 위해서는 이처럼 '바보 같은 노력'이 필요하다는 사실을 깨달았다.

유명 작가인 후스胡適의 다음과 같은 말이 떠올랐다.

"똑똑한 사람이 더 바보같이 노력해야 한다."

재능이 아무리 뛰어나더라도 노력하고 개발하지 않으면 그 재능은 사장될 가능성이 높기 때문이다. 이 세상에는 평균 수준의 아이큐를 가진 사람이 대다수를 차지하고 있다. 그러니 어떻게 '바보 같은 노력'이 필요하지 않겠는가.

세상이 불공평하다고 투덜대지 마라

평범한 성공을 이루고 싶다면 평범한 노력을 기울이면 된다. 하지만 걸출한 인재가 되고 싶다면 남들보다 몇 배의 노력을 쏟아야 한다.

미국의 입지전적인 인물로, 보디빌딩 세계 챔피언이자 유명 영화배우이며 훗날 캘리포니아 주지사가 된 아놀드 슈왈제네거Arnold Alois Schwarzenegger의 이야기를 참고해 보는 것도 좋을 것이다.

아놀드 슈왈제네거는 전 세계적으로 가장 유명한 보디빌더로 이름을 날렸다. 그는 '미스터 유니버스Mr. Universe' 및 '미스터 올림피아Mr. Olympia'를 여러 차례 수상했으며 이후 영화계의 대스타로 커다란 명성을 누렸다. 이런 명성을 얻게 된 가장 큰 요인은 그가 다른 사람들보다 피나는 노력을 쏟았기 때문이다.

그는 자신의 저서 『아놀드 : 어느 보디빌더의 성장 과정』에서 보디빌더로서의 성공 비결을 다음과 같이 밝혔다.

"근육을 증강하려면 끊임없는 의지력을 필요로 하며 크고 작은 고통을 견뎌내야 한다. 자신을 불쌍히 여기는 마음이 없어야 고통이 금방 사라진다. 고통을 이겨내고 나아가 고통을 즐길 수 있어야만 남들이 10번 할 때 노력이 배가되어 20번도 족히 해낼 수 있다. 다른 방법, 다른 각도로 항상 당신의 근육을 놀라게 하라. 근육을 강화할 방법이 없다면 근육은 절대 튼실해지지 않는다. 긴장을 풀거나 나태해지지 말라. 굳은 의지가 없다면 절대 성공할 수 없다."

1975년 아놀드는 은퇴를 선언하고 더 이상 시합에 참가하지 않았다. 5년 후, 한 영화 제작사가 수천만 달러의 제작비가 들어가는 「코난-바바리안」이라는 영화의 주인공으로 그를 낙점했다. 당시 그는 보디빌더에서 은퇴한 지 오래 되어 체구가 5년 전의 3분의 2에 불과했다. 그는 최고의 몸 상태를 만들기 위해 그해 미스터 올림피아 대회에 참가하기로 결정했다.

그의 결정은 전 보디빌딩계를 발칵 뒤집었다. 시합까지는 불과 몇 달의 시간밖에 남지 않았기 때문에, 상식적으로 볼 때 그의 성공 가능성은 거의 희박했다. 그러나 그는 다시 한 번 강인한 의지로 모든 것을 훈련에 쏟아 부었다. 하루 24시간 동안 상상할 수 없는 굳센 의지와 투지로 근육을 차츰차츰 키웠고, 시합 때는 최상의 몸 상태로 우승을 거머쥐었다. 그는 이 대회의 우승으로 7개의 금메달을 목에 거는 전무후무한 기록을 달성했다.

살아가면서 우리는 항상 "정말 열심히 노력했는데도 왜 목표를 달성하지 못하는 것일까?"하고 불평을 늘어놓는다.

그렇다면 나는 이렇게 물어보고 싶다.

"진짜로 최선의 노력을 다했습니까? 아놀드 슈왈제네거가 성공을 위해 쏟은 노력을 보십시오. 당신 스스로 그만한 노력을 했는지 자문해야 합니다."

세상이 불공평하다고 투덜대지 마라. 자신의 노력이 부족한 것을 탓해야 한다.

조금 해보고 절대로 그만두지 마라

자신의 이상을 실현하기 위해 노력을 쏟지 않으려는 사람은 거의 없다. 그러나 약간의 노력으로 큰 성공을 바라는 사람이 대부분이다. 그들은 어떤 일을 하든 항상 조금 해보고 그만두는 경향이 있다.

어느 무명 화가가 세계적으로 유명한 화가인 멘첼Adolph Friedrich Erdmann von Menzel을 찾아갔다. 그는 멘첼을 보자마자 하소연을 하기 시작했다.

"저는 하루에 그림 하나를 그리지만 그것이 팔리는 데는 꼬박 1년이 걸립니다."

이에 멘첼이 친절하게 대답했다.

"이보게, 거꾸로 해보는 것은 어떻겠나? 1년이라는 시간을 투자하여 그림을 그린다면 분명 하루 만에 그 그림이 팔릴 걸세."

꿈을 실현하는 것은 더 잘하려고 애쓰는 과정이다. 조금 해보고 절대 그만두지 마라. 그렇게 하지 않으면 큰 그릇이 되기 어렵다.

부분적인 성공을 통해 경험을 쌓고 한 걸음씩 전진해나가는 것이 진정한 성공임을 깨달은 사람이 가장 훌륭한 사람이다. 그러므로 어떤 일이든 그것을 완수하기 전까지 모든 노력을 총동원해야 한다.

자신감은 "나는 할 수 있다. 나는 분명히 할 수 있다."고 다짐하는 것이 다가 아니다. 자신감이란 내가 남들과 똑같이 노력하면 분명히 해낼 수 있는 것이며, 내가 남들보다 더 많은 노력을 쏟는다면 더 잘할 수 있는 것임을 명심하자.

STORY 7

'난 할 수 없다'를
'난 할 수 있다'로 바꿔라

••• 성공을 거두지 못하는 이유는 남들이 나를 부정하기 때문이 아니라 자기 스스로를 부정하기 때문이다. 성공하고 싶다면 자신의 사전에서 '난 할 수 없다'는 말을 반드시 삭제하라. '학습된 무력감'을 제거하고 '상수리나무 분재'를 깨뜨린다면 삶이 무한히 넓다는 것을 깨닫게 될 것이다.

살아가면서 가장 안타까운 일은 자신감 부족으로 눈앞에 있는 좋은 기회를 놓치는 것이다.

과거의 자신을 돌아보라. 자기 패배에 빠진 경험이 있었을 것이다. 그렇다면 다시 한 번 지금의 자신을 직시하라. 아직도 그 패배감 속에서 허우적거리는지 살펴봐야 한다.

이런 자신을 바꾸고 싶다면 다음에 들려주는 한 젊은 편집자의 일화를 참고해 보는 것도 좋을 것이다.

그녀가 대학 4학년일 때 일어난 일이다. 여름방학 전날에 주중 미국 대사가 그녀가 다니는 학교에서 강연을 했다. 그의 강연은 매우 훌륭했고 그녀에게 커다란 자극을 주었다. 그녀는 강연을 들으면서 자신이 느낀 점을 글로 표현해 보았다. 강연이 끝난 후 그녀는 자신이 쓴 글을 그 대사에게 보여 주고 싶은 욕구가 생겼다.

'내가 할 수 있을까? 괜히 창피만 당하는 건 아닐까?'

순간 망설이던 그녀는 이내 결심을 굳혔다.

"창피를 당하면 당하는 거지. 어쨌든 그를 다시 만날 기회가 없잖아."

그녀는 사람들의 포위를 뚫고 자신이 쓴 글을 대사에게 건넸다. 며칠 후 그녀는 그 대사로부터 갑작스런 전화 한 통을 받았다. 문장 실력이 뛰어나니 더 좋은 글을 많이 써 주길 바란다는 격려의 내용이었다.

이 말에 큰 힘을 얻은 그녀는 본격적으로 글쓰기를 배우기 시작했다. 그녀는 베이징에 가서 공부하면 실력이 더 향상되지 않을까라는 생각을 하게 되었다. 하지만 베이징에 아는 사람이라고는 그저 일면식뿐인 그 대사가 유일했다.

'그럼 그를 한번 찾아가 볼까?'

하지만 그녀는 또다시 '나는 할 수 없다'는 두려운 마음이 들었지만 그녀는 용기를 내어 그 대사를 찾아갔다. 그녀는 대사에게 자신의 꿈을 설명하면서 신문사나 출판사에 자신을 소개해 줄 것을 부탁했다.

대사는 그녀의 적극적인 정신을 높이 샀다. 그는 그녀를 한 유명 신문사에 소개해 주었고, 자신의 능력을 십분 발휘하여 꼭 성공하라고 그녀를 격려했다. 견습 직원으로 들어간 지 채 두 달이 지나지 않아 그녀는 여러 편의 훌륭한 글들을 써냈고 신문사로부터 A^+의 성적표를 받았다. 졸업 후 신문사로부터 받은 그녀의 근무 성적과 발표한 글들을 본 어느 출판사가 당장 그녀를 채용하겠다고 밝혔다.

"처음에 그 대사에게 도와달라고 말하기까지 마음속으로 정말 많이 싸웠어요. 이런 거물이 겨우 얼굴 한 번 본 학생을 도와주겠느냐는 생각이 들자 이내 포기하고 싶어졌어요. 하지만 다른 한편으로는 '해 보지도 않고 어떻게 알아?' 라는 생각이 들었어요. 결국 용기가 두려움을 이긴 거죠. 한 번 부딪쳐 보자는 결심을 하자 불가능해 보였던 모든 일들이 다 이루어졌어요. 처음의 생각을 꽁꽁 묶어두지 않은 게 참 다행이에요. 그렇지 않았다면 제 꿈들은 실현되지 않았을 테니까요."

그녀의 성공 경험은 모든 업무 속에 그대로 녹아들었다. 원고를 편집하든 원고를 청탁하든 아니면 다른 일을 처리하든 간에 어떤 문제가 닥쳐 포기하려는 마음이 들 때마다 항상 스스로에게 이렇게 다짐했다.

"성공하려면 내 사전에서 반드시 '난 할 수 없다'는 말을 삭제해야 돼. 오직 '난 꼭 할 수 있다!'라는 말만 기억하면 돼."

바로 '난 할 수 없다'를 '난 할 수 있다'로 바꾼 굳은 신념을 가졌기 때문에 그녀는 모든 일을 훌륭하게 해낼 수 있었다. 그녀는 회사에 없어서는 안 될 사람이 되었고, 3년 만에 출판계에서 인정받는 유명한 편집자로 성장하게 되었다

이 이야기는 문제에 직면했을 때 피하려고만 하는 모든 사람들에게 귀감이 되고 있다. 성공하지 못하는 이유는 남들이 나를 부정해서가 아니라 스스로 자기 자신을 부정하기 때문이다.

'난 할 수 없다'고 말하지 마라. 당신은 충분히 해낼 수 있다. 항상 '난 할 수 있다'고 스스로 최면을 걸어라. 우리는 삶에 패배하는 것이 아니다. 오히려 자기 마음속에 있는 실패에 대한 두려움에 패배하는 것이다. 자신감을 가지고 문을 두드리면 당신이 상상했던 것보다 훨씬 쉽게 문이 열린다는 것을 깨닫게 될 것이다.

'마음의 덫'으로 자신을 옭아매지 마라

'마음의 덫'이란 관념이나 감정 등의 여러 요인들로 사람의 마음을 묶어버리고 자유와 발전을 잃게 만드는 것을 가리킨다.『데니스 웨이틀리의 승자의 심리학』의 저자 데니스 웨이틀리Denis Waitley는 이렇게 지적했다.

"새로운 정신의 경지에 올랐을 때 모든 게 명백해진다. 그것을 깨뜨려야만 우리가 이제껏 감옥에 갇혀 있었다는 사실을 알 수 있다."

우리는 모든 일을 적극적으로 사고하는 습관을 길러야 한다. "행운은 마음가짐에 따라 움직인다"는 옛말이 있다. 적극적인 마음가짐은 당신에게 적극적인 운명을 가져다주고, 소극적인 마음가짐은 소극적인 운명을 가져다준다. 태양을 향해 날면 온몸을 태양빛으로 물들일 수 있지만 날카로운 칼날을 향해 날면 목숨이 위태로워진다.

스스로를 소극적인 마음가짐의 감옥에 가두지 않도록 항상 경계해야 한다.

다른 사람들의 틀에 자신을 맞추지 마라

우리는 살아가면서 다른 사람들에게 수없이 많이 거부당한다. 특히 권위자가 자신을 거듭 부정할 때는 자신에 대한 믿음을 쉽게 잃어버린다. 과연 다른 사람들의 부정이 정말 정확한 것인지 의심해 봐야 한다.

진화론을 주장한 다윈Charles Robert Darwin은 자서전에서 이렇게 말했다. "어렸을 때 모든 선생님들과 어른들은 내 자질이 평범하다고 여겼다. 나와 총명함은 전혀 어울리지 않는 사이였다."

에디슨Thomas Alva Edison도 어렸을 때 반에서 꼴찌를 도맡아서 하는 아이였다. 그가 엉뚱한 짓만 골라 하자, 선생님은 그를 데리고 유명한 의사를 찾아가 검사를 받게 했다. 의사는 진단 후 아주 그럴듯하게 "머리가 정말 나쁜 아이군요"라고 말했다. 그러나 훗날 그는 세계에서 가장 위대한 발명가가 되었다.

'학습된 무력감'을 제거하라

미국 오리건주립대학교에서는 한 가지 유명한 실험을 했다. 피실험자들을 방에 가두어 놓고 소음을 크게 튼 다음 계기판 조작을 통해 소음을 멈추게 하라는 임무를 내렸다.

1조는 계기판에 있는 모든 단추를 눌러 봤지만 아무리 해도 소음이 그치지 않았다. 그들은 사전에 이미 어떤 단추를 눌러도 소음이 멈추지 않게 장치해 놓은 사실을 전혀 모르는 상태였다. 그러나 2조는 몇 번 단추를 눌러 보더니 금방 소음을 멈추었다.

그런 다음 그들을 데리고 다른 방에 들어가 두 손을 각각 상자 양쪽에 놓도록 했다. 만약 손을 상자 왼쪽에 놓으면 소음이 계속 들리고, 오른쪽에 놓으면 곧 소음이 멈춘다고 일러두었다.

이때 재미있는 현상이 벌어졌다. 첫 번째 실험에서 소음을 멈췄던 2조는 재빨리 상자 쪽으로 달려가 오른쪽에 손을 놓고 소음을 멈추었다. 그러나 1조는 시간과 장소, 조건이 모두 바뀌었지만 대다수가 자리에 그대로 앉아 있기만 했다. 이미 실패를 맛본 그들은 아무리 노력해도 소용없다고 여겼기 때문이다. 이것이 바로 '학습된 무력감Learned Helplessness'이다. 이것은 여러 차례 실패를 거듭하거나 혹은 남들이 끊임없이 '너는 안 돼'라는 생각을 주입시켰기 때문에 나타나는 현상이다.

아무리 능력이 뛰어난 사람도 '사방이 모두 막혀 버렸다'는 생각이 들면 결국 쉽게 그동안의 노력을 포기해 버린다. 그래서 잠재력은 영원히 억압받는 수면 상태에 빠지게 된다.

'상수리나무 분재'를 깨뜨려라

'상수리나무 분재'를 깨뜨리라는 것은 "내 꿈은 이 정돈데……."라고 하는 사람을 겨냥한 말이다. 이런 사람은 꿈이 없는 것이 아니라 꿈이 원대하지 못하다. 꼭 '상수리나무 분재'에 비유될 수 있다. 상수리나무는 원래 높이 자라는 나무다. 그러나 이를 화분에 옮겨 심으면 성장 범위가 화분이라는 틀에 한정된다.

물론 사람은 상수리나무가 아니다. 설사 화분과 같은 환경 속에서도 꿈은 화분이라는 제약을 항상 뛰어넘어야 한다. 당신이 능동적인 사람이라면 화분을 깨뜨리고 묘목을 너른 들에 옮겨 심을 수 있어야 한다. 그렇게 한다면 당신은 삶이 무한히 넓다는 사실을 깨닫게 될 것이다.

STORY 8

'절대 불가능하다'를
'반드시 가능하다'로 바꿔라

••• '가능성이 없다'라고 말하는 이유는 스스로를 꼭 묶어버리기 때문이다. '어떻게 가능해?'를 어떻게 해야 가능할까?'로 바꿀 때, 상상하지 못했던 기적이 일어날 수 있다. 고정관념에 굴복하지 않는 사람만이 고정관념을 뛰어넘을 수 있다. 최고봉에 올라서게 되면 어느 순간 이전에 두려워했던 모든 것들이 내 발아래 있다는 사실을 깨닫게 될 것이다.

    문제를 해결해야 할 때 난이도가 너무 높으면 많은 사람들이 "절대 불가능하다"고 말한다. 그리고 아무 노력도 하지 않고 결국에는 포기해 버린다. 이런 사람들 가운데 대부분은 게으름뱅이가 아니면 못난이다.

    이와 반대로 뛰어난 사람은 항상 자신의 마음가짐이나 질문 방식을 고쳐서 '절대 불가능한' 것을 '절대 가능한' 것으로 바꿔 놓는다. 과연 그

비결은 무엇일까?

'어떻게 가능해?'를 '어떻게 해야 가능할까?' 바꿔라

질문 방식에 따라 종종 문제 해결의 결과가 다르게 나타난다. 만약 '어떻게 가능해?'라고 의문을 가지게 되면 백이면 백 그 자리에서 그만두기 때문에 더 이상의 발전이 없다. 그러나 초점을 '어떻게 해야 가능할까?'에 맞추면 결과는 완전히 달라진다.

당신이 현재 19세의 가난한 대학생이라고 가정해 보자. 등록금조차 낼 형편도 못 되는데 불법을 저지르지 않고 오직 자신의 힘으로 1년 만에 100만 달러를 벌 수 있을까?

이 질문을 받는다면 아마 대다수의 사람이 고개를 가로저으며 절대 불가능하다고 말할 것이다.

하지만 나는 감히 말할 수 있다. 대다수 사람이 절대 불가능하다고 여긴 일을 해낸 사람이 있다고 말이다. 그 사람은 바로 일본 소프트뱅크의 창업자이자 '인터넷 황제'인 손정의다. 빌 게이츠를 포함한 전 세계 누구도 그보다 많은 인터넷 자산을 가지고 있지 않다. 그가 투자한 야후 등은 전 세계 인터넷 자산의 7%를 점유하고 있다.

키가 겨우 153센티미터밖에 안 되는 왜소한 체구의 그는 19세 때 이미 50년간의 인생 계획을 수립했다. 그중 한 가지가 바로 30대에 최소 1,000억 엔의 사업 자금을 마련하는 것이었다. 올해 53세인 그는 이미 이 꿈을 달성하고, 50대에 사업을 완성한다는 목표를 달성하기 위해 정진하고 있다.

그는 어떻게 자신의 지혜를 활용해 인생 첫 목표인 100만 달러를 벌었을까? 50년간의 인생 계획을 수립할 때, 그는 가난한 미국 유학생 신분으로 부모에게 학비와 생활비 부담을 주지 않기 위해 고민하고 있던 중이었다. 그래서 패스트푸드점에서 아르바이트를 할까도 생각했지만 이내 생각을 접었다. 그것은 자신의 꿈과 거리가 너무 멀었기 때문이다. 그는 이런저런 고민 끝에 마쓰시타 고노스케를 본받아 발명품을 창조하여 돈을 벌기로 결심했다. 그리고 머리를 쥐어짜며 갖가지 아이디어를 생각해냈다. 그가 구상한 발명품과 아이디어는 무려 노트 250페이지를 꽉 채웠을 정도였다.

그는 그중에서 가장 효과적인 상품이라고 생각한 '다국어 번역기'를 만들기로 결정했다. 그러나 문제가 발생했다. 그는 엔지니어가 아니어서 기계를 어떻게 조립해야 하는지 전혀 몰랐다. 그렇다고 포기할 그가 아니었다. 그는 소형 컴퓨터 분야의 저명한 교수들을 찾아다니며 자신의 구상을 설명하고 도움을 청했다.

대부분의 교수들이 그의 제안을 거절할 때, 포레스트 모저 교수가 그를 돕겠다고 나서며 연구팀까지 꾸렸다. 하지만 손정의는 또 다른 문제에 봉착했다. 그의 수중에 돈이 한 푼도 없었던 것이다.

하지만 이 문제도 그를 쓰러뜨리지는 못했다. 그는 궁리 끝에 교수들의 동의를 구하고 제품을 완성해서 판매가 되면 연구비를 지급하겠다는 계약서에 서명했다.

연구 개발된 제품이 완성되자 그는 일본으로 건너가 판매에 나섰다. 샤프전자는 이 제품의 특허권을 사들이는 한편, 그에게 프랑스어와 스페인어 등 7개 언어 번역 기능을 갖춘 번역기를 개발해달라고 부탁했다. 그는 이 계약으로 정확히 100만 달러를 손에 쥐었다.

솔직히 나는 '작은 거인' 손정의가 TV에 출연해 후덕한 웃음을 지으며 열아홉 살 때 100만 달러를 벌었다는 이야기를 할 때, 마음속으로 커다란 감동을 받았다. 그가 단기간 내에 많은 돈을 벌었다는 것에 대한 존경심뿐만 아니라 그의 사업 전략에서 중요한 교훈을 깨달았기 때문이다. 바로 누구나 머리를 써서 문제를 해결한다면 성공할 수 있다는 것이다.

성공의 관건은 질문 방식을 바꾸는 데 달려 있다. '어떻게 가능하지?'라는 부정형의 의문을 '어떻게 하면 가능할까?'라는 적극적인 질문으로 바꾸는 것이다.

'어떻게 가능하지?'라는 회의적인 생각에 집중하게 되면 사고력이 억압을 받아 실현 가능한 일도 날개를 펴지 못하고 죽어 버리고 만다. 그러나 생각을 '어떻게 하면 가능할까?'라는 것에 맞추게 되면 두뇌가 활발하게 작동하여 불가능한 일들을 가능한 것으로 바꿔줄 것이다.

고정관념에 굴복하지 마라

1950년대 미국의 모 군사과학 연구소에서 고주파 증폭기의 연구 제작에 착수했다. 그러나 과학자들은 고주파 증폭에 유리관을 사용할 수 있는가 하는 문제에 부딪히자 연구가 더 이상 나아가질 못했다. 훗날 발명가 벨Alexander Graham Bell이 조직한 연구팀이 이 임무를 맡게 되었다. 상부에서는 벨 팀이 이 임무에 배치됐을 때, 이전의 연구 제작 상황을 거울삼아 '관련 문서의 열람을 일절 금지한다'는 지시를 내렸다.

벨 팀의 공동 노력 아래 마침내 1,000헤르츠에 달하는 고주파 증폭기 제작에 성공했다. 연구팀은 임무를 완성한 후 왜 상부에서 관련 문서에 대한 열람 금지 지시를 내렸는지 무척 궁금했다. 그들은 관련 문서들을 검토해 보고 깜짝 놀랐다. 문서에는 똑똑히 이렇게 적혀 있었다.

"만약 유리관을 채택한다면 고주파 증폭의 최대 주파수는 25헤르츠다."

'25'와 '1,000'의 차이는 굉장히 크지 않은가. 훗날 벨은 이에 대해 다음과 같이 회고했다.

"우리가 당시 문서를 열람했다면 고주파 증폭기 연구 제작에 분명 회의를 품고 자신감을 잃었을 것이다."

사람은 고정관념에 쉽게 굴복하는 경향이 있다. 고정관념에 좌우되지 않는다면 그것을 넘어서는 일도 충분히 가능하다.

문제가 항복할 때까지 참고 견뎌라

창조적 사고는 항상 머리를 쥐어짜는 각고의 노력을 통해 나온다. 뛰어난 창조적 사고를 갖추려면 작은 아이디어라도 소중히 여기고 열린 마음으로 새로운 생각과 의견을 널리 받아들여야 한다. 또한 마음을 가라앉히고 일정 기간 동안의 고통과 시련을 과감하게 수용하고 견뎌내야만 한다.

많은 사람들이 대부분 '지혜의 불꽃'을 가지고 있다. 그러나 마지막에 패배하거나 수확이 적은 이유는 바로 참고 견디는 능력이 부족하기 때문이다. 반대로 큰 업적을 이룬 인물들은 오랫동안 한 가지 문제에 대해 자신의 모든 것을 쏟아 붓는 능력을 가지고 있으며, 남들과 비교할 수 없는 참을성을 소유하고 있었다.

뉴턴Isaac Newton이 바로 문제에 대한 참을성을 가진 대표적 인물이다. 케인스John Maynard Keynes는 뉴턴을 분석한 글에서 다음과 같이 밝혔다.

"뉴턴의 특별한 재능은 순수한 과학 문제를 머릿속에 담아두고 완전히 이해할 때까지 파고드는 데 있다. 내가 보기에 그의 탁월한 재능은 뛰어난 직관력과 하늘이 내린 위대한 인내력에서 기인한다. 뉴턴은 한 가지 문제를 머릿속에 담아 두었다가 몇 시간, 며칠, 몇 주 혹은 더 오랜 시간이 걸리더라도, 문제가 그에게 항복할 때가 돼서야 그것의 비밀을 말했다."

요나 콤플렉스를 이겨내라

'요나 콤플렉스Jonah Complex'는 구약성서에 나오는 요나의 이야기에서 유래된 말이다. 구약성서 「요나서」에 의하면 예언자 요나는 하나님에게서 니느웨아시리아의 대도시로 가서 그 도시가 죄악으로 가득 차 하나님의 심판을 받을 것임을 예언하라는 명령을 받는다. 그러나 요나는 하나님의 명령을 거역하고 니느웨와 반대 방향으로 가는 배를 탔다가 폭풍을 만나 3일 동안 고래 뱃속에 갇히게 되었다. 고래 뱃속에서 그가 구원을 위한 기도를 올리자 고래는 그를 땅으로 뱉어 냈고, 요나는 다시 니느웨로 가라는 명령을 듣게 된다. 요나가 니느웨로 가서 예언을 하자 이를 들은 니느웨 왕과 모든 사람들이 회개하였다.

미국의 심리학자인 매슬로우 Abraham H. Maslow는 이 이야기를 근거로 요나 콤플렉스라는 개념을 제기했다. 인간은 자신의 잠재력이 도달할 수 있는 최고점을 두려워한다. 우리가 가장 만족해 하거나 용감한 기상이 넘치는 순간에 우리는 두려움을 느끼기 시작한다. 인간은 자신의 가장 낮은 가능성을 직시하는 것을 두려워하는 동시에 가장 높은 가능성을 직시하는 것도 두려워한다.

요나 콤플렉스는 매우 모순된 현상처럼 보인다. 사람이 자신의 가장 낮은 가능성을 두려워하는 것은 이해가 된다. 누구나 자신의 콤플렉스를 보고 싶어 하지 않기 때문이다. 그러나 자신의 가장 높은 가능성을 두려워하는 것은 정말 이해하기 어렵다.

하지만 이는 분명한 사실이다. 사람은 성공을 갈망하면서도 성공을 두려워한다. 특히 성공을 달성하는 길목에서 실패를 만나는 것을 두려워할 뿐만 아니라 성공의 순간에 느끼는 심리적 충격이나 성공을 얻기 위해 지불해야 하는 고된 노동, 성공이 가져오는 갖가지 사회적 스트레스 등도 두려워한다.

요나 콤플렉스는 사람들이 최고점에 도전할 수 없도록 만드는 논리이다. 그러나 만약 우리 스스로가 최고점을 향해 용감하게 도전한다면, 최고점에 도전하기 이전에 가졌던 모든 두려움을 우리가 밟고 일어설 수 있다는 사실을 깨닫게 될 것이다.

STORY 9

시도하라!
해법을 찾을 가능성은 무궁하다

••• 만약 1퍼센트의 희망이라도 보인다면 시도해볼 만한 가치가 있다. 수많은 잠재력이 억압당한 채 재능이 드러나지 못하는 이유는 바로 시도하기 전에 항상 부정적인 생각을 가지기 때문이다. 과감하게 시도하라. 시도해보지 않고 어찌 가능성을 논할 수 있겠는가. 거절당할까 두려워하지 마라. 어쩌면 다른 사람은 당신이 나타나길 기다리고 있었을지도 모른다. 현대 사회는 적자생존의 사회일 뿐 아니라 '시도하는 자만이 살아남는' 사회이다.

수화기로 매우 감격에 찬 목소리가 들려왔다.

"좋은 소식을 전하겠습니다. 이번 사업이 성사가 되었어요. 선생님 말씀이 맞았습니다. 아무리 좋은 아이디어도 시도를 해야만 결실을 맺을 수 있었습니다."

목소리의 주인공은 IT업계의 중간 관리자로 그가 나에게 전화를 걸었을 때 그는 자신의 성공에 고무되어 있었다.

어쩌면 다른 사람은 당신이 나타나길 기다리고 있었을지도 모른다

수업을 듣는 학생들 대부분이 똑같은 문제점을 가지고 있다고 말했다. 업무를 시작할 때 항상 이런저런 고민거리가 많다는 것이다. 특히 신상품이나 새로운 아이디어를 팔 때, 늘 거절당할까 두려워 심지어 말도 꺼내지 못하고 포기하는 경우도 있었다.

나는 그들의 고민을 들은 후 다음의 이야기를 들려주었다.

미국의 한 젊은이가 대학을 졸업할 무렵 미국 경제는 극심한 경기 침체에 빠져 있었다. 그는 졸업 후에도 일자리를 찾지 못해 몹시 괴로워하고 있었다. 그러던 어느 날, 그는 신문에서 미국 전역에서 올라온 실업자들이 수도인 워싱턴까지 가두시위를 벌이며 정부에 일자리를 마련해달라고 요구한다는 기사를 보게 되었다. 그도 역시 이 시위에 참가하기로 결정했다.

기차를 타고 시위대가 모여 있는 곳으로 가던 도중, 그는 차창을 통해 공사 현장에서 의욕적으로 일하는 사람들을 보게 되었다. 보아하니 공장을 짓는 것 같았다. 그는 '공장을 짓는다면 틀림없이 사람이 더 필요할 거야'라고 생각했고, 밑져야 본전이라는 각오로 기차에서 내려 곧장 그 현장으로 달려갔다. 그는 사람들을 통해서 그곳에 새로운 철강 공장을 짓는다는 사실을 알게 되었다. 그는 공사 책임자를 찾아가 사람이 더 필요한지 물어보았다.

책임자는 그에 대해 이것저것 물어보더니 그가 대학에서 배운 지식이 꼭 필요하다고 대답했다. 하지만 공장이 완공되려면 아직 멀었으니 전화번호를 남기고 가서 연락을 기다리라고 말했다.

"자네가 필요하면 바로 전화하겠네. 그때 출근하게나."

그는 전화번호를 남기고 집으로 돌아가 부푼 가슴으로 연락이 오기만 기다렸다. 하지만 아무리 기다려도 전화 한 통 오지 않았다.

여기까지 이야기한 후 나는 학생들에게 한 가지 질문을 던졌다.

"그 책임자는 그 젊은이에게 '자네가 필요하면 바로 연락하겠네'라고 분명히 말해 놓고, 왜 전화를 하지 않았을까요?"

이 연구반에 참가한 학생들 가운데는 젊은 사무원들이 많았다. 그들은 자신들이 일자리를 찾은 경험을 바탕으로 각자의 의견을 내놓았다.

"필요하면 전화하겠다고 했는데, 전화가 없다면 그가 필요없는 것이 아닐까요?"

"그것은 인사치레로 한 말이지 실제로는 그를 고용할 생각이 전혀 없었던 것입니다."

"더 뛰어난 사람을 찾아서요."

"공장이 아직 완공되지 않았습니다."

그중 가장 재미있었던 대답은 바로 나에게 전화한 그 준간 관리자의 말이었다.

"어쩌면 그 책임자가 해고당했기 때문 아닐까요? 경제 위기잖습니까.

그도 거기서 자유로울 수는 없으니까요."

그의 말에 강의실은 온통 웃음바다가 되었다.

방금 전에 말한 각종 이유들을 그 젊은이도 생각해 봤을 가능성이 높다. 기회가 물 건너갔다고 여기는 것이 보통 사람의 생각이니까 말이다. 하지만 그는 '다른 이유가 있지 않을까?'라는 생각을 품었다. 어찌 됐든 그는 다시 한 번 공장을 찾아가 보기로 마음먹었다. 그곳에 도착해 보니 공장은 이미 완공되었고 기계들이 작동하는 소리가 시끄럽게 들렸으며 많은 사람들이 출근해 있었다.

그는 처음에 이야기를 나눴던 공사 책임자를 찾아갔다. 그 사람은 이미 공장장으로 승진해 있었다. 공장장은 그를 보자마자 한걸음에 달려와 포옹을 하며 말했다.

"자네, 알고 있었는가? 지난번 자네를 봤을 때 꼭 필요한 사람이란 생각에 공장이 완공되면 꼭 알릴 생각이었네. 그런데 아무리 찾아도 자네 전화번호가 보이지 않는 걸세. 내가 부주의한 탓에 잃어버린 게 분명했어."

이렇게 해서 그는 철강 산업에 뛰어들게 되었다. 훗날 그는 끊임없이 발전을 거듭해 US스틸의 회장 자리에 올랐고, 회사는 그의 경영 아래 크게 번창했다. 1953년에 이 회사의 연간 철강 생산량은 구소련의 연간 생산량과 맞먹을 정도였다. 이 젊은이가 바로 미국의 유명한 강철왕 '앤드루 카네기Andrew Carnegie'이다.

카네기의 일화를 듣고 학생들은 적잖이 놀라는 눈치였다. 결말이 그들의 예상을 빗나간 것은 물론 카네기의 성공이 좌절과 실패에 직면해서도 포기하지 않는 적극적인 마음가짐에서 비롯되었음을 보여 주었기 때문이다.

"당신이 기회를 진심으로 받아들여야만 기회도 당신을 진심으로 받아들인다. 거절당할까 두려워하지 마라. 어쩌면 상대방은 당신이 나타나길 기대하고 있을지도 모른다."

이러한 관점은 학생들을 크게 자극했다. IT업계에 종사하는 그 학생은 '거절당할까 두려워하지 마라. 어쩌면 상대방은 당신이 나타나길 기대하고 있을지도 모른다'는 말에 매우 깊은 감명을 받았다. 이에 그는 자신의 경험을 사람들에게 들려주었다.

그의 회사는 최신 소프트웨어를 연구하고 개발하는 회사로 정부 부처를 전문적으로 상대했다. 이런 관계로 그는 많은 정부 요인들을 알고 있었지만 자사 소프트웨어 판매에 대한 얘기를 전혀 꺼낸 적이 없었다. 괜히 말했다가 거절당할까 두려웠기 때문이다. 그래서 친한 사이가 된 뒤에도 말을 꺼내지 못했다. 하지만 그는 카네기의 이야기에 크게 자극 받아 돌아가서 한번 시도해 보기로 마음먹었다.

이후의 결과는 모두들 예상한 대로다. 그가 사람들에게 판매 얘기를 꺼내자 상대방은 즉각 깊은 관심을 보이며 바로 시험해 보자고 제의했다. 제품 시험 후 그 자리에서 구입하기로 결정하고는 이렇게 말했다.

"왜 일찌감치 말하지 않았어요? 지금까지 이런 소프트웨어를 얼마나 찾아 헤맸는지 알아요? 당신네 회사는 규모가 작아서 이런 소프트웨어는 개발하지 못하겠거니 생각했잖아요. 그런데 뜻밖에도 여기서 이것을 찾았네요."

훗날 기자가 이 기사를 쓰면서 이렇게 평했다. 이 사례는 사실 오랫동안 짝사랑해 온 두 사람의 관계와 같다. 누구도 감히 먼저 표현하지 못하고 있지만 일단 어느 한쪽이 용기를 내어 고백하면 상대방도 큰소리로 "실은 저도 일찍부터 당신을 사랑하고 있었어요."라고 말하는 것처럼 말이다.

이 이야기를 듣고 마음이 움직이는가? 거절당할까 두려움이 들지만 그래도 용기를 내서 시도해 본 적이 있는가?

시도하기 전에는 절대 부정하지 마라

자신감 부족과 거절에 대한 두려움은 모든 사람이 가진 심리적 특징이다. 그러나 다른 사람 눈에 자신이 어떻게 비치든 그건 절대 중요하지 않다. 관건은 바로 당신 스스로 시도해 보아야 한다는 것이다.

'시도하기 전에는 절대 부정하지 말라!'

1852년 러시아의 유명한 작가이자 『현대인』지의 편집장인 네크라소프 Nikolai Alekseevich Nekrasov는 「유년 시대」라는 투고 원고를 받았다. 그러나 어찌된 영문인지 작자는 원고 마지막 페이지와 편지에 자신의 이름 이니셜인 'π·H^ㅍ·L'만 서명해서 보냈다. 네크라소프는 원고를 다 읽어본 후 글이 매우 훌륭하다고 여겨 이를 발표하기로 결정했다. 하지만 작자의 실명을 몰랐기 때문에 작품을 발표할 때 서명한 이니셜만 밝혔다.

이 원고는 바로 러시아의 대문호 톨스토이Lev Nikolaevich Tolstoy의 최초의 작품이다. 작품은 매우 훌륭했지만 그는 자신감이 부족하여 감히 자신의 실명을 밝히지 못했다. 다행히 네크라소프는 진정으로 문장가를 알아보는 인물이었다. 그는 이 작품을 발표함과 동시에 투르게네프 등의 유명한 작가들에게 「유년 시대」라는 이 중편 소설을 관심 있게 지켜봐 주시오. 척 보니 작자는 신세대이자 큰 야망을 가진 천재가 틀림없소."라고 추천했다.

수많은 유명 작가들이 이 작품을 본 후 모두 입에 침이 마르도록 칭찬을 아끼지 않았다. 당시 젊은 톨스토이는 카프카스 산맥에서 군복무 중이었다. 그는 우연히 자신의 작품에 대한 유명 평론가의 글을 읽게 되었다.

톨스토이는 찬사로 가득 찬 글을 읽으면서 뛸 듯이 기뻤고 눈물이 마구 쏟아져 숨이 막힐 지경이었다. 처녀작의 엄청난 성공은 원래 겁이 많던 젊은이를 미래에 대한 희망으로 충만하게 만들었다. 세계 문단에 눈부신 별 하나가 더해지는 순간이었다.

이 이야기는 우리에게 좋은 예가 되고 있다. 알고 보니 천재도 자신감이 부족했다는 사실을 말해 주니까. 비록 자신감은 부족했지만 어쨌든 톨스토이는 권위 있는 잡지에 용감하게 원고를 투고했다. 만약 이와 같은 '용감한 시도'가 없었더라면 그가 과연 큰 성공을 거둘 수 있었을까?

많은 사람들의 잠재력은 억압당하고 있다. 우리의 삶에 존재하는 빛을 우리 스스로 가리고 결국에는 사그라지게 한다. 우리 자신이 수많은 위대한 업적들에 타격을 가하고 그것들을 부정했다. 결국 그것들은 빛도 보지 못한 채 사라져 버렸다.

1퍼센트의 희망이라도 보인다면 시도해 볼 만한 가치가 있다

MCI는 미국의 유명 통신 회사로 직원들에게 도전과 창조 정신을 격려하기로 명성이 자자하다. 그들의 문화 이념은 바로 이것이다.

"MCI에서 '총살'당하는 직원은 실수를 한 직원이 아니라 바로 모험을 꺼리는 직원이다."

록펠러도 "만약 1퍼센트의 희망이라도 보인다면 시도해 볼 만한 가치가 있다"고 말했다. 이 말은 미국인의 개척 정신과 창조 정신을 그대로 드러내 한때 미국 전 지역에서 유행한 명언이 되었다.

'과연 저 일을 해낼 수 있을까? 가능성은 얼마나 될까? 몇 차례의 기회와 시련이 찾아올까? 내 잠재력은 과연 어느 정도일까?'

이 모든 것은 시도해 보지 않으면 절대 알 수 없다.

1902년 시어도어 루즈벨트 Theodore Roosevelt 대통령은 남부 지방 시찰에 나섰다. 현지인들은 함정을 파놓고 새끼 곰 한 마리를 잡아 대통령이 사냥에 나설 때 몰래 새끼 곰을 풀어놓고 대통령이 쏘아 맞추도록 할 계획이었다. 그러나 루즈벨트 대통령은 그들의 의도를 알아차리고 새끼 곰에게 총 쏘는 것을 거절했다.

이 소식이 순식간에 전국적으로 널리 퍼졌고 한 유력 신문사에서 이와 관련된 유명 만화가의 만화를 실었다. 그림 속에는 루즈벨트 대통령이 손에 총을 쥐고 그의 등 뒤로 반대쪽을 향해 새끼 곰이 서 있었다.

장난감 가게의 주인인 모리스 미첨 Morris Michtom은 이 만화에 즉각 관심을 보였고, 이 만화를 이용해 선전하면 고객을 충분히 끌어모을 수 있을 거라고 생각했다. 그는 곰 인형 하나를 상점 쇼윈도 안에 놓고 위에는 루즈벨트의 애칭인 '테디'를 따서 '테디의 곰'이라는 라벨을 붙였다. 이 아이디어는 매우 효과적이어서 수많은 관객들을 끌어 모았다. 그런데 뜻밖에도 많은 사람들이 그것을 사려고 했다.

미첨은 이 기회를 틈타 대통령에게 장난감 곰 이름을 '테디의 곰'이라고 부를 수 있도록 허락해달라는 편지를 보냈다. 많은 사람들이 보기에 이는 정말 황당무계한 일이었다. 만인의 대통령이 구멍가게 주인의 요구를 들어줄 리가 만무했기 때문이다. 그러나 대통령은 미첨의 아이디어를 호응하여 즉시 답장을 보내 그의 요구를 승낙했다.

이렇게 되자 장난감 곰은 불타나게 팔려 나갔다. 미첨은 곧이어 대규모 완구 회사를 세웠고 수백 수천 가지 동물 완구를 판매했다. 전 세계적으로 유명한 '테디 베어 Teddy Bear'는 이렇게 탄생했다.

미첨의 편지 한 통이 그의 운명을 바꾸었다. 기회가 당신 앞에 나타났을 때 한번 시도해 보고 싶지 않은가?

사실 우리 모두는 기회에 둘러싸여 있다. 다만 기회는 우리가 그것들을 보려고 할 때에 존재하고, 찾으려 할 때만 발견될 수 있다. '수평적 사고'를 주장한 에드워드 드 보노 Edward de Bono는 이렇게 말했다.

"기회란 능동적이고 진취적인 사람만이 가장 쉽게 찾을 수 있다. 그들은 수동적으로 일이 발생하기를 기다리지 않고 항상 능동적으로 찾아 나선다."

자기를 위해 길을 찾고자 하는 사람은 언제든지 기회를 찾을 수 있다. 설사 기회를 찾지 못하더라도 기회를 창조해낼 수 있다. 왜냐하면 그들은 거절당하는 것을 두려워하지 않고 항상 용감하게 해법을 찾아 나서며 또한 무엇이든 시도하기 때문이다.

진화론을 제기한 다윈의 '적자생존' 이론이 있다. 오늘날에는 여기에 새로운 이론을 하나 더 추가해야 한다. 그것은 바로 '시試자생존', 즉 시도하는 사람만이 살아남을 수 있다는 이론이다.

STORY 10

문제와 스트레스를 분해하라

••• 어려운 문제에 대한 도전은 실제적으로 스트레스에 대한 도전이다. 스트레스를 이기는 가장 좋은 방법은 어렵고 큰 문제를 어떻게 작은 문제로 세분화하고 거대한 스트레스를 어떻게 작은 스트레스로 나누느냐에 달려 있다. 한 사람이 낙타 한 필을 한 번에 다 먹을 수는 없다. 그러나 만약 한 번에 한 점씩 먹는다면 다 먹는 데 그리 오랜 시간이 걸리지 않는다. 단계를 나누고 경계를 나누는 방법을 배우면 불가능을 가능으로 바꿀 수 있다.

내 친구들 중 한 명이 지점장으로 근무한 지 두 달도 채 안 돼 본사의 부사장으로 발탁되었다. 그가 다니는 회사는 성장 기업으로 발전 속도가 매우 빨랐으나, 그가 맡은 업무들은 너무 번잡스러웠다. 3개월 동안 그는 살이 너무 많이 빠질 정도로 과로하여 병원에 입원하기도 했다.

그는 매일 야근에 특근까지 했지만 업무에 대한 부담은 전혀 줄지 않고 오히려 늘어만 갔다. 그는 매우 고통스러워하며 나에게 도움을 청했다.

"정말 더 이상 일을 못하겠어. 매일 출근하면 머릿속이 각종 업무들로 가득 차서 너무 어지러워. 집에 돌아와도 잠을 못 이루고 온통 뒤죽박죽이야. 이러다가는 병으로 쓰러질 게 틀림없다고. 안 되면 아예 회사를 그만두는 편이 낫겠어."

이 친구의 문제는 대부분의 직장인들이 겪고 있는 문제다. 특히 이제 막 새로운 부서의 책임자로 부임한 사람일수록 정도가 더 심하다.

이 친구는 일을 자신의 사명으로 여길 만큼 직업 정신이 매우 투철했다. 그러나 이 친구처럼 일을 하다가는 몸도 마음도 망가지게 되어 있다. 나는 그에게 몇 가지 조언을 했는데, 그것이 여러분에게도 도움이 되리라고 생각한다.

한 번에 한 사람만을 사랑하라

이것은 1979년 노벨 평화상을 수상한 테레사 수녀의 말이다.

테레사 수녀는 본래 유럽인으로 훗날 '사랑으로 빈곤을 치료'하기 위해 의연히 가난하고 낙후된 인도로 갔다. 그녀는 그곳에서 4만 2천여 명의 버려진 사람들을 보살폈는데, 그중에는 사람들이 접촉을 꺼리는 나환자나 에이즈 환자도 많았다. 4만 2천이라는 숫자는 일반인의 눈에는 거의 천문학적인 숫자였다.

테레사 수녀에게 어떻게 이렇게 많은 병자들을 보살필 수 있었는지 묻자, 그녀는 한 번에 한 사람만을 사랑했다고 대답했다.

"여태껏 이렇게 많은 사람들을 저 스스로 책임져야 한다고 생각한 적이 없습니다. 어떤 사람을 볼 때면 그 사람만 사랑했습니다. 왜냐하면 저는 한 번에 한 사람밖에 배불리 먹일 수 없었으니까요. 단지 한 명, 또 한 명……. 이렇게 저는 한 사람을 돌보는 것에서부터 시작했습니다.

만약 처음 한 사람을 제대로 돌보지 못했다면 어떻게 4만 2천 명을 돌볼 수 있었겠습니까? 이 모든 일은 바닷속의 작은 물방울에 불과합니다. 그러나 이 물방울을 바다에 뿌리지 않으면 바다는 한 방울의 물이 모자란 것이죠.

당신도 마찬가지입니다. 당신 가정 역시 똑같습니다. 한 방울에서부터 시작해야만 합니다."

다른 사람이 볼 때 절대 달성 불가능한 목표를 테레사 수녀는 달성했다. 그녀는 다만 문제와 스트레스를 분해하는 법을 배워 '한 번에 한 사람만 사랑했기' 때문이다.

대다수의 사람은 공포와 스트레스 때문에 어려운 문제를 만나면 쉽게 굴복한다. 내게 닥친 문제와 스트레스를 이기는 중요한 방법 중 하나는 큰 문제를 작은 문제로 세분화하고, 큰 스트레스를 작은 스트레스로 분해하는 데 있다.

상좌의 마음을 가져라

'상좌上座의 마음'은 불교 용어로, '깨달음'을 얻는 데 반드시 필요하다.

깨달음을 얻으려면 반드시 훌륭한 '상좌의 마음' 즉 '모든 세속의 인연을 끊는 마음'이 있어야만 한다. 이는 모든 노력과 사고를 집중할 수 없었던 친구에게 내가 들려준 조언이었다.

시작 단계에서 사고가 가장 범하기 쉬운 잘못은 잡념이 난무하여 마음을 차분히 가라앉히기 어렵다는 것이다. 그러므로 사고를 최고의 경지로 끌어올리기 위해서는 먼저 마음을 가라앉혀야 한다.

승무원은 고도의 집중력을 요하는 직업 가운데 하나이다. 그들은 비행기 이착륙 시 정신을 집중해야 하는데, 이는 가장 필요하면서도 어려운 일이라고 말한다. 정신을 집중하려면 먼저 마음을 안정시켜야만 하며, 일단 마음이 안정되면 집중력을 달성하는 데 절반은 성공한 것이나 다름없다.

중국 고대 병법 가운데 "군대가 안정을 찾으면 승리한다"는 말이 있다. 용병조차도 안정을 매우 중시하는데, 일상생활에서 더 말할 것이 무엇이 있겠는가?

마음을 안정시키는 방법에는 다음과 같은 것들이 있다.

- 사고의 시작 단계에서 사고와 관련 없는 모든 생각을 끊어 버리고, 오직 주제와 관련된 일에만 모든 생각을 집중한다.

"상좌의 마음은 모든 세속의 인연을 끊는 마음"이라는 말처럼, 갖가지 잡념 때문에 생기는 유혹이나 어떤 힘에 끌려가려는 충동을 억제해야만 한다.

- 억제하기가 어렵다고 판단될 때는 즉각 잡념에서 벗어나도록 하라. 잡념에 빠지거나 혹은 다른 일이 하고 싶을 때는 조용히 자리에 앉아서 자신의 문제에만 집중하라.
- 중요도나 긴박감으로 사고의 집중력을 강화하라. 당신이 3분 안에 매우 중대한 결정을 내려야 하는데, 이 결정이 미래의 당신의 운명을 가른다고 가정해 보자. 당신이 아무리 덜렁대는 성격이라도 이때만큼은 모든 노력을 최대한도로 집중하게 되지 않을까?
- 마지막으로는 전혀 반대된 개념이지만 여유로운 마음을 가지도록 노력해야 한다. 지나친 긴장은 사고의 집중도를 떨어뜨린다는 실험 결과도 있다. 그러므로 "이건 사소한 문제일 뿐이야. 목이 달아나거나 어떤 손실도 입을 일이 아니야"라며 자기 암시를 하는 것도 괜찮다. 머릿속이 복잡할 때 잠시 모든 걸 잊고 크게 숨을 내쉰 뒤 새롭게 시작해 보자. 단 이 시간이 너무 길어지지 않도록 주의해야 한다.

단계를 나눠 문제를 처리하라

단계를 나누는 것은 실제로 문제를 점차 수량화하여 해결하는 과정을 가리킨다.

'한 사람이 낙타 한 필을 한 번에 다 먹을 수는 없다. 그러나 만약 한 번에 한 점씩 먹는다면 다 먹는 데 그리 오랜 시간이 걸리지 않는다.'

오랫동안 과학자들은 로켓이 달에 도달할 수 없다고 확신했다. 계산에 따르면 우주선 한 대가 달에 도달하려면 그 무게가 적어도 100만 톤은 되어야 했기 때문이다. 이 무게의 로켓은 절대 하늘을 날 수 없다고 생각했다. 그러나 훗날 어떤 이가 로켓 분리라는 개념을 제시했다. 즉 로켓을 2~3단계로 분리하여 로켓이 대기권 밖으로 나갔을 때 제1단계 로켓을 분리시켜 중량을 줄임으로써 다른 로켓이 달까지 도달할 수 있다는 논리였다. 이처럼 단계를 나눠 문제를 해결함으로써 불가능을 가능으로 바꿀 수 있었다.

경계를 나눠라

문제를 국한된 경계 내에서만 처리할 수 있는 것이 아니다. 경계를 다른 방식으로 나누면 문제가 쉽게 해결될 수 있다.

1872년 '왈츠의 왕' 요한 스트라우스Johann Strauss 2세가 미국에 도착했다. 현지 관련 단체가 즉시 그를 방문하여 보스턴에서 열리는 음악회의 지휘를 부탁하자 그 역시 흔쾌히 승낙했다. 그러나 공연 계획에 대해 이야기를 나누면서 그는 엄청난 규모의 음악회란 설명을 듣고 깜짝 놀랐다.

미국은 요한 스트라우스 2세의 지휘로 무려 2만 명의 인원이 공연하는 세계 최대의 음악회를 개최하려는 야심을 가지고 있었다. 그러나 한 명의 지휘자가 수백 명의 오케스트라를 지휘하는 것도 결코 쉬운 일이 아니다.

요한 스트라우스 2세는 곰곰이 생각해보더니 뜻밖에 이를 수락했다. 공연 당일 날, 공연장은 수많은 관중들로 꽉 들어차 있었다. 요한 스트라우스 2세의 뛰어난 지휘로 2만 개의 악기가 아름다운 음악을 연주하게 되었고 관중들은 이 음악에 모두 도취되었다.

그런데 어떻게 혼자서 2만 명의 지휘가 가능했을까? 알고 보니 요한 스트라우스 2세 본인이 총지휘를 맡고 밑에 100명의 부지휘자를 두었던 것이다. 총지휘자의 지휘봉이 움직이면 부지휘자들이 이에 따라 지휘를 하고, 그 지휘에 맞춰 2만 개의 악기가 일제히 소리를 낼 수 있었고, 합창단의 화음도 울려 퍼질 수 있었던 것이다.

우리는 여기서 '나눔'이라는 큰 지혜를 얻을 수 있다. 그것은 심리적 스트레스를 해소하는 데 도움을 줄 뿐만 아니라 해결하기 어려운 문제를 순조롭게 해결하는 데도 도움을 준다.

STORY 11

포기하지 마라!
성공은 바로 다음에 있다

••• 숱한 좌절을 겪고도 끝내 성공한 사람들이 '더 이상 견디기 힘들다'고 느꼈을 때가 보통 사람들보다 훨씬 많았다. 그러나 그들은 늘 '다음번에 꼭 성공한다'는 신념을 가지고 성공을 향해 끝까지 매진했다. 심은 씨앗이 싹을 틔우지 않는다고 원망하지 마라. 정성을 다해 가꾼다면 언젠가는 수확할 날이 올 것이다. 사람은 대나무와 똑같이 '한 마디씩 성장할 때'가 있다. 당신이 포기하고 싶을 때가 절대 포기해서는 안 되는 때이다.

진취성은 성공의 근본이다. 전진하고 발전하는 진취적 태도가 결여되어 있다면 절대 성공을 논할 수 없다.

진취성에는 아는 즉시 행동하는 추진력 뿐만 아니라 끝까지 밀고 나가는 인내력 또한 필요하다.

그렇다면 인내력이란 무엇일까? 바로 앞으로 나아가면서 각종 문제와 어려움을 만났을 때, 이를 악물고 고통을 견뎌내며 목표에 도달하지 않으면 절대 그만두지 않는 정신력이다. 에디슨은 이에 대한 적절한 비유를 들었다.

"실패자는 자신이 성공에 다다랐다는 사실을 모른 채 더 이상의 노력을 포기하는 사람이다."

사람은 살아가면서 중요한 관문에 부딪히게 된다. 이때 자신의 나약함과 무력감을 크게 느끼고 스스로 안 된다고 여겨 포기한다면 성공을 눈앞에 두고도 실패하는 꼴이 되고 만다.

성공은 바로 다음에 기다리고 있다

책임감이 아주 강한 한 출판사 편집장이 있었다. 한번은 그녀가 베스트셀러를 기획하면서 홍보 효과를 극대화하기 위해 최고의 표지를 디자인해줄 북 디자이너를 모집했다.

그러자 많은 북 디자이너들이 이에 응시하고 표지 시안을 보내왔다. 그중 어떤 것은 선택되기도 하고 어떤 것은 퇴짜를 맞기도 했다. 보통 출판사들은 맘에 드는 표지 시안 3~5개 정도를 놓고 그 안에서 선택하는 것이 관례였다. 그러나 그녀는 이번에 매우 심혈을 기울여 최종적으로 10여 개의 시안을 골랐다. 그녀의 이런 방식은 표지 시안을 가장 까다롭게 고른다고 소문난 출판사조차 지나치다고 여길 정도였다.

그녀는 총 15개 시안을 골랐지만 모두 마음에 들지 않아 최종 결정을 내리지 못했다. 하지만 책 출간 시기가 점점 다가와 더 이상 지체할 시간이 없었다. 그러자 그녀는 스스로에게 "그래, 포기하는 수밖에 없겠어. 이 15개 중에서 고르자고"라고 말했다.

그 순간 마음속에서 질타의 목소리가 들려왔다.

"표지 시안이 이렇게 많지만 진짜 필요한 것은 아직 찾지 못했잖아. 절대 포기하고 마!"

그녀는 이 말에 정신이 번쩍 들어 표지를 더 받아보기로 결정했다.

16번째 표지 시안이 그녀 앞에 나타났을 때, 그녀는 기쁨을 감추지 못했다. 책에 그 표지를 씌우고 출간하자 순식간에 전국적으로 팔려 나갔다. 나중에 그녀는 감개무량해서 말했다.

"어떤 일을 하든지 가장 관건이 되는 것은 쉽게 포기하지 말라는 것입니다. 포기하고 싶은 마음이 들 때일수록 절대 포기해서는 안 됩니다. 돌파구를 전혀 찾을 수 없다고 느낄 때, 앞을 향해 한 발짝 더 나아가려고 노력하세요. 그러면 성공이 바로 다음에 기다리고 있습니다."

성공하지 못하는 이유는 결코 노력이 부족해서가 아니라 어려움을 만난 후 성공을 눈앞에 둔 시점에서 노력하기를 포기하기 때문이다. 그러나 마지막에 성공하는 사람은 항상 '성공은 바로 다음에 기다리고 있다'는 신념을 가지고 최선의 노력을 다하여 성공을 이뤄 낸 것이다.

실패하더라도 끝까지 밀고 나가라

대문호 괴테 Johann Wolfgang von Goethe 는 이렇게 말했다.

"한 치의 소홀함도 없이 꾸준히 나아가면서 엄하게 스스로를 채찍질

할 수 있는 사람은 우리 가운데 극소수에 불과하다. 이런 사람은 목표에 도달하지 못하는 경우가 드물다. 왜냐하면 소리 없는 꾸준한 힘이 시간이 지남에 따라 아무도 저항할 수 없는 경지까지 올라가기 때문이다."

일반적으로 의지력이나 참을성을 실천하기는 어렵지 않다. 그러나 참을성의 강도가 충분한가는 오직 하나의 지표인 최후의 결과가 말해 준다. 이는 "우물 아홉 길을 팠지만 샘물이 나오는 데까지 미치지 못한다면 우물을 포기함과 같다"라는 중국 속담에 꼭 들어맞는다. 성공한 사람과 실패한 사람 사이에는 '충분한 근성과 참을성을 가졌는가'하는 종이 한 장의 차이가 있을 뿐이다.

좌절을 겪을 때마다 자신감이 흔들리는 것은 인지상정이다. 그러나 위인이 범인과 다른 점은 자신감이 흔들릴 때, 다시 한 번 자신감을 세우려고 스스로 다짐한다는 점이다.

숱한 좌절을 겪고도 끝내 성공한 사람들은 '더 이상 견디기 힘들다'고 느꼈을 때가 보통 사람들보다 훨씬 많았다. 하지만 그럴 때마다 그들은 이를 악물고 꿋꿋이 견뎌 내면서, 비록 싸울 때마다 패배하지만 그 패배를 딛고 끝까지 싸워 마침내 최후의 순간에 승리의 빛을 볼 수 있었다.

쑨원孫文이 만청 왕조를 뒤엎자고 호소하며 전국에서 여러 차례 봉기했지만 매번 실패로 돌아가고 말았다. 그러자 사람들은 그를 허풍쟁이라고 놀려 댔다. 하지만 그는 여전히 동지들에게 포기하지 말라고 호소했다. 결국 우창에서 총소리가 울리며 청나라의 통치는 막을 내리게 되었다.

끝까지 자신의 의지를 견지하는 힘은 어디에서든 발현될 수 있으며, 이것이 바로 최후의 성공을 얻는 원동력이 된다.

윌리엄 하비William Harvey는 최초로 혈액 순환 이론을 제기한 사람은 아니며, 다윈은 최초로 진화론을 제기한 사람은 아니다. 또한 콜럼버스 Christopher Columbus는 결코 미국 대륙에 최초로 발을 디딘 사람은 아니며, 록펠러는 가장 먼저 석유를 개발한 사람이 아니다.

그러나 그들은 모두 그들의 의지를 끝까지 밀고 나아간 사람들이었다. 그래서 그들은 특별한 성공을 거둘 수 있었다.

시련을 이겨내면 밝은 태양이 뜬다

사람은 대나무처럼 '한 마디씩 성장할 때'가 있다. 사람은 매번 고비를 만날 때마다 심한 전율과 긴장감으로 가득 차 스스로를 보호할 곳을 잃어버린 듯한 고통을 느끼게 된다. 이때는 반드시 자신의 역량을 한곳으로 집중해야만 한다. 그렇게 해서 당신이 시련을 이겨 낸다면 한 단계 상승할 것이고, 그렇지 못하면 실패할 것이다.

긴장과 고통이 한꺼번에 몰려오는 인생의 전환점에서는 평소보다 더 큰 고통을 느끼기 마련이다. 하지만 이는 결코 나쁜 일이 아니다. 만약 살아가면서 두려움과 고통을 느끼지 못한다면 이는 성장의 전환점을 만나지 못한 것이고, 따라서 성공과는 거리가 멀어진다는 것을 의미한다. 그러므로 당신은 이런 '건설적인 고통'을 과감하게 받아들여야 한다.

1948년에 옥스퍼드 대학은 '성공의 비결'이라는 강좌를 열고 처칠

Winston Leonard Spencer Churchill을 강연자로 초빙했다. 당시는 처칠이 영국군을 이끌고 반파시스트 전쟁에서 막 승리를 거둔 시점이었다. 영국이 가장 절망적인 시기를 맞았을 때 수상에 오른 처칠은 이 승리로 명성이 하늘을 찌를 듯했다.

언론매체는 3개월 전부터 이를 대대적으로 보도했으며 모두들 그의 강연을 목이 빠져라 기다리고 있었다. 강연회 당일에 강연장은 인산인해를 이루었다. 사람들은 모두 이 위대한 인물의 성공 비결을 듣기 위해 귀를 쫑긋 세웠다.

하지만 뜻밖에도 처칠의 강연은 몇 마디 말로 끝을 맺었다.

"제 성공 비결은 세 가지입니다. 첫째, 절대 포기하지 않는다. 둘째, 절대 절대 포기하지 않는다. 셋째, 절대 절대 절대 포기하기 않는다. 제 강연은 여기서 끝내겠습니다."

처칠이 이렇게 말하고 강단을 내려오자 순간 강연장은 쥐 죽은 듯이 조용해졌다. 그러나 1분 후 강연장에서는 우레와 같은 박수소리가 울려 퍼졌다.

심은 씨앗이 싹을 틔우지 않는다고 원망하지 마라. 정성을 다해 가꾼다면 언젠가는 수확할 날이 올 것이다. 포기하고 싶을 때가 바로 절대 포기해서는 안 되는 때이다

STORY 12

문제를
철저하게 파악하라

••• 문제를 철저하게 파악하는 것은 훌륭한 사고 습관이다. 철저하게 파악해야만 비로소 문제의 근본 원인이 무엇이며 문제를 해결할 가장 효과적인 방법이 무엇인지 찾아낼 수 있다. 또 문제를 철저히 파악한다면 위기를 발견해 낼 수 있다. 우리는 이 위기를 쉽게 극복할 수 있을 뿐만 아니라 더 큰 기회로 바꿀 수도 있다.

'수박 겉핥기 식 사고'는 문제의 난이도를 한없이 높여 결국에는 문제에 항복하는 결과를 낳는다.

문제 해결을 잘하는 사람은 마치 세 수 앞을 내다보는 바둑의 고수와 같다. 그들은 신출내기처럼 한 수를 잘못 둠으로써 전판을 그르치는 실수를 절대 범하지 않는다.

중국의 시왕希望 그룹 창업자인 류劉씨 형제는 처음에 1,000위안으로 메추라기를 사육하여 사업을 시작해 수년 만에 큰돈을 벌었다. 그들이 메추라기 양식 규모를 한층 더 확대하려고 하자 주위의 수많은 농민들이 그들의 영향을 받아 잇달아 메추라기 양식에 뛰어들었다. 결국 공급 과잉이 일어나 메추라기 가격이 큰 폭으로 하락했으며, 많은 농민들이 손해를 입고 양식장 문을 닫거나 직업을 바꾸었다.

이때 시왕 그룹의 의사결정권자들 역시 크게 동요하여 메추라기 사업에서 철수하고 빨리 다른 업종으로 전환하자고 제의했다. 그러나 류씨 형제는 규모를 확대하면 손해를 보지 않을 것이라고 판단했다. 그들은 업종을 전환하지 않았을 뿐 아니라 오히려 투자를 더욱 늘려 규모를 확대했다. 그리고 겨우 1년이라는 짧은 기간 내에 쓰촨성四川省 신진현新津縣 구자촌古家村에 중국 최대의 메추라기 양식 기지를 세우고, 순식간에 1,000만 위안이라는 수입을 올렸다.

류씨 형제의 이야기에서 우리는 과연 어떤 지혜를 배울 수 있을까?

여기서 가장 중요한 점은 바로 문제를 반드시 끝까지 그리고 철저하게 분석해야 한다는 것이다. 철저하게 분석해야만 비로소 '위기'를 발견해낼 수 있다. 그것이 어느 한 방면의 문제일지라도 쉽게 극복할 수 있을 뿐만 아니라 더 큰 기회로 바꿀 수 있다.

문제의 근본을 찾는 것이란 무엇일까

만약 문제를 정확히 집어내지 못하면 모든 해법이 화살 없는 활이 될 수 있다.

수년 전, 미국 워싱턴에 있는 제퍼슨 기념관 앞의 돌이 심하게 부식되어 관리인이 크게 골머리를 앓았을 뿐만 아니라 관광객들 역시 불만의 목소리가 높았다. 평범하게 생각하면 가장 간단한 방법은 돌을 바꾸는 것이지만 그러자면 아주 큰돈이 들어가게 된다.

관리인은 돌이 왜 부식되었는지 고민하기 시작했고 마침내 그 원인을 밝혀냈다. 알고 보니 그 돌을 너무나 자주 청소했기 때문이었다.

'왜 돌을 자주 청소해야 했을까? 이유는 바로 기념관 앞으로 몰려든 비둘기 떼가 남긴 다량의 배설물 때문이다.'

'그렇다면 비둘기 떼는 왜 이곳에 몰려드는 것일까? 기념관 주변에 그들의 먹이가 되는 거미가 많기 때문이다.'

'왜 이곳에는 거미가 이렇게 많은 것일까? 거미는 엄청난 수의 불나방이 끌어들인 것이다.'

'그렇다면 이 많은 불나방은 어떻게 이곳을 찾아온 것일까? 바로 저녁 무렵에 켜지는 기념관의 불빛이 그들을 유인한 것이다.'

관리인은 끊임없는 문제 제기를 통해 마침내 근본적인 원인을 밝혀냈다. 그 후 관리인은 점등 시간을 늦추는 방법을 채택했다. 그러자 찾아오는 불나방의 숫자가 크게 줄어 들었다. 불나방이 줄어들자 거미가 줄어들고, 거미가 줄어 들자 비둘기들의 수도 급감했다. 그리고 결국 비둘기들의 배설물도 사라지게 되었다.

별로 힘들이지 않은 이 조치로 문제를 쉽게 해결했을 뿐 아니라 큰 지출도 막을 수 있었다.

불완전함은 완벽으로 가기 위한 과정에 불과하다

사고의 약점 가운데 하나는 단계적 문제와 본질적 문제를 명확하게 구분하지 못한다는 점이다. 어떤 사물이 완벽하지 못하다고 해서 그것을 모두 부정하는 것은 오물을 뒤집어쓰고 물을 뿌리는 아이와 같다.

어떤 문제에 부딪혔다는 것은 완벽으로 가기 위한 과정에 불과하다. 따라서 절대로 가치 있는 물건을 쉽게 포기해서는 안 된다.

1837년 모스Samuel Finley Breese Morse는 500미터 내에서 작동되는 전신기를 세계 최초로 발명했다. 그가 투자를 받기 위해 500미터의 전선을 길게 늘어놓고 기업가들 앞에서 실험을 실시했으나, 많은 사람들이 이를 비웃었고 심지어 그에게 빈정대는 이도 있었다.

"전선이 정보를 전해 준다면 공기를 스파게티로 바꿀 수 있겠는 걸."

실험이 진행되면서 흥미를 보이는 사람이 몇몇 있었지만 모스의 설명을 듣고 난 후 오히려 이렇게 말했다.

"알겠네. 이것은 장난감이었군. 애석하게도 너무 재미없는 장난감이라는 게 문제구만."

전신기가 매우 가치 있는 발명품임을 인식한 사람도 있었지만 고작 500미터밖에 가지 못한다는 사실을 알고 투자를 포기했다.

전보가 500미터밖에 가지 못하는 것은 분명 모스의 발명품이 지닌 한계였다. 그러나 이것은 완벽으로 가기 위해 필요로 하는 문제에 불과했다. 훗날 모스는 송수신 장치를 개량하고 전선에 릴레이 역할을 하는 계전기를 부착해 전류가 전달 과정 중에 점차 감소하는 문제를 해결했다.

마침내 그는 미국 국회의 지원을 받으면서 자신의 원대한 이상을 완벽하게 실현할 수 있었다.

창조적 사업이 완벽하지 못하다고 해서 부정해서는 안 되며, 오히려 그것은 완벽으로 가기 위한 이유가 됨을 명심하기 바란다.

철저하게 파악해야만 한 단계 더 업그레이드될 수 있다

개척 정신은 인류의 가장 고귀한 정신 중 하나다. 개척 정신이란 과연 무엇일까?

이른바 개척이란 길을 여는 것 외에 넓힌다는 뜻도 가지고 있다. 길을 넓히는 의지와 능력이 경우에 따라서는 길을 여는 것보다 중요할 때가 있다. 끊임없이 길을 넓히는 힘을 우리는 '개척력'이라고 부른다. 이는 우리의 사유 속에서 절대 없어서는 안 되는 힘이자 사물의 근본을 철저히 파헤치는 힘이다.

일찍이 어떤 사람이 아인슈타인Albert Einstein에게 그가 보통 사람과 다른 점이 무엇인지 물은 적이 있었다. 그러자 아인슈타인은 이렇게 대답했다.

"보통 사람에게 건초 더미에서 바늘 하나를 찾으라고 한다면 그는 바늘 하나를 찾은 후 바늘 찾기를 그만둘 것이다. 그러나 나는 건초 더미를 모두 헤집어 풀 속에 흩어져 있는 바늘 전부를 찾아낼 것이다."

이는 개척력을 매우 생동감 넘치게 설명한 표현이다. 그렇다면 개척력은 과연 어떤 형태로 발현될 수 있을까?

- **심층적 개척력** : 본질에 대한 탐구
- **범위적 개척력** : 현재의 영역에서 다른 영역으로 넓히기
- **단계적 개척력** : 초창기뿐만 아니라 계속해서 창조력을 발휘하여 끊임없이 발전해 나가기

드브로이Louis Victor de Broglie는 개척력을 가장 잘 실천한 대표적인 인물이다. 아인슈타인은 빛이 파동과 입자의 이중성을 가지고 있다는 사실을 발견했다. 이는 역사적으로 위대한 발견이었다. 그의 뒤를 이어 드브로이는 물질 입자의 특성을 연구하면서 해결하기 어려운 많은 문제들에 봉착하게 되었다. 그는 대담하게도 '파동과 입자의 이중성이 빛에 적용된다면 모든 물질에도 적용될 수 있지 않을까?'라는 생각을 가지고 있었다. 그는 곧 대담한 실험과 꼼꼼한 검증을 거쳐 마침내 물질 입자도 파동과 입자의 이중성을 가진다는 사실을 발견해 냈다. 그의 이 발견은 20세기 물리학의 가장 중요한 발견 가운데 하나로 꼽힌다.

제3장

문제보다 해법이 많다

방법이 왕도다 :
문제의 핵심을 찾아 해결하는 방법

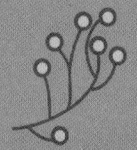

STORY 1

문제의 '과녁'을 정확히 조준하라

••• 문제를 해결하려면 먼저 문제에 대해 명확한 정의를 내려야만 한다. '도대체 문제가 무엇일까?'를 분명히 아는 것은 '과녁'을 정확하게 조준하는 것과 같다. 그렇지 않으면 헛고생만 하게 되거나 마음과 행동이 따로 놀게 된다.

앞장에서는 심리적으로 문제에 대한 두려움을 이겨내는 법을 다뤘다면 여기서는 문제에 대한 해법을 탐구해 보기로 하겠다.

문제 해결에 대한 이야기를 나누게 되면 당신은 이런 말을 던지게 될 것이다.

"좋습니다. 어서 저에게 문제를 해결할 수 있는 비법을 알려 주세요. 가장 짧은 시간 안에 어떤 문제든 해결할 수 있는 고수가 되어서 실적을 높여 남보다 더 두각을 나타내고 싶습니다."

서둘러 문제를 해결할 수 있다는 것은 우리에게 매우 큰 유혹이다. 그러나 다급하게 문제를 해결하려다 보면 괜한 헛고생만 하거나 마음과 행동이 따로 노는 결과를 초래한다. 왜 그럴까?

문제를 해결하기 위해서는 기술이 중요한 것이 아니다. 우선 문제에 대해 명확한 정의를 내려야 한다. 도대체 무엇이 문제인지 정확히 알아야 하는 것이다. 문제의 핵심을 정확히 찾아내는 것은 '과녁'을 정확하게 조준하는 것과 같다.

미국의 신발왕 로빈 휠러Robin Wheeler의 공장에서 발생했다. 당시는 휠러가 막 사업을 시작했을 때였다.

그는 단기간 내에 효과를 극대화하기 위해 연구팀을 조직하고 몇 가지 디자인의 새로운 신발을 만들어 시장에 내놓았다. 이것이 소비자들의 큰 호응을 얻어 주문이 꼬리를 물고 이어지자 너무 바빠서 쉴 틈조차 없었다. 이 문제를 해결하기 위해 공장에서는 신발 제조 기술자들을 여러 명 더 채용했지만 주문량을 감당하기에 턱없이 부족했다. 만약 신발을 기간 내에 납품하지 못하면 엄청난 액수의 배상금을 지불해야 했다.

이에 휠러는 회의를 소집하여 대책을 강구했다. 관리자들이 여러 방법을 내놓았지만 쓸 만한 건 하나도 없었다. 이때 한 젊은 직원이 손을 들어 발언할 수 있도록 요청했다.

"우리의 근본적인 문제는 더 많은 기술자를 찾는 데 있지 않습니다. 사실 기술자 없이도 문제를 해결할 방법이 있습니다."

"그게 뭐지?"

"진짜 문제는 생산력 향상에 있기 때문입니다. 기술자를 더 뽑는 것은 한 가지 수단에 불과합니다."

대다수의 사람들은 그의 말에 두서가 없다고 여겼으나 휠러는 오히려 귀를 쫑긋 세우고 계속해서 이야기하라고 지시했다. 그가 쭈뼛거리며 의견을 제시했다.

"기계로 신발을 만들면 어떻겠습니까?"

이는 당시에 전혀 상상도 할 수 없는 일이라 사람들은 그의 말에 회의실이 떠나갈 듯 비웃었다.

"이보게, 무슨 기계로 신발을 만든단 말인가? 자네가 이런 기계를 만들 수 있는가?"

그 직원은 귀까지 빨개지며 가만히 자리에 앉았다. 그러나 그의 말에 아이디어를 얻은 휠러가 말했다.

"이 젊은 친구는 우리 사고의 맹점을 지적해 주었네. 우리는 줄곧 얼마나 많은 기술자를 채용할 수 있을까 하는 것에만 집착하지 않았나? 그런데 이 친구가 진짜 문제는 생산의 효율성을 높이는 데 있다는 점을 깨닫게 했네. 그가 기계를 발명하지 못하더라도 그의 생각은 대단히 중요한 것일세. 이 친구에게 보너스 500달러를 지급하도록 하게."

당시 500달러는 공장 직원들의 반년 치 임금에 해당하는 큰 액수였지만 그 젊은 직원은 이를 받을 만한 자격이 충분했다. 휠러는 그 직원이 제기한 의견에 따라 즉시 전문가들을 초빙하여 신발을 생산할 기계를 만드는 데 총력을 기울였다.

4개월 후 마침내 기계가 완성됐고, 이때부터 전 세계는 신발의 기계 생산 체제에 들어섰다. 이로써 로빈 휠러는 미국의 유명한 신발왕으로 명성을 떨쳤다.

휠러는 자서전에서 이 이야기를 꺼내며 특별히 강조했다.

"저는 그 직원에게 매우 감사하고 있습니다. 그 일로 매우 중요한 이치 하나를 깨달았으니까요. 바로 난제에 부딪혔을 때 가장 먼저 문제에 대한 범주를 명확하게 확정하는 것입니다. 만약 그 직원이 근본적인 문제는 효율성 향상이지 더 많은 기술자를 뽑는 것이 아니라는 점을 지적해 주지 않았다면 우리 회사는 지금처럼 발전할 수 없었을 것입니다."

이에 대해 저명한 철학가인 존 듀이John Dewey는 이렇게 말했다.

"문제를 명확하게 정의하는 것은 이미 문제의 절반을 해결한 것과 다름없다."

각종 업무 활동 중에 발생하는 문제를 해결하는 것에서부터 창조나 발명, 심지어 국가를 다스리는 일까지, 문제를 명확하게 정의하는 것이 문제 해결의 전제가 된다.

다음의 몇 가지 방법은 문제를 명확히 정의하는 데 도움이 될 것이다.

문제 해결의 진정한 목적으로 되돌아가라

'과녁'을 정확히 조준해야만 한다. 과녁을 정확히 조준하지 않으면 화살은 엉뚱한 곳에 꽂히고 만다. 과녁을 정확히 조준하는 것이 문제 해결의 기본 조건이다.

1950년대 전 세계의 과학자들이 트랜지스터의 원료가 되는 게르마늄을 얼마나 높은 순도로 정련해낼 수 있는가를 연구했다. 일본의 에사키 레오나江崎玲於奈 박사가 조수와 함께 이 연구에 동참하여 다양한 방법을 시도해 봤지만, 게르마늄에는 여전히 불순물이 섞여 있었고 매번 측정할 때마다 데이터도 다르게 나타났다. 그들은 이 연구의 목적을 처음부터 다시 생각했다.

'이 문제를 연구하는 목적은 게르마늄으로 성능이 더 우수한 트랜지스터를 만드는 것이 아닌가?'

그들은 기존 연구의 전제를 포기하고 새로운 방법으로 연구를 진행했다. 그들은 오히려 불순물을 조금씩 첨가하면서 어떤 게르마늄 트랜지스터가 만들어지는지 지켜보았다. 마침내 게르마늄의 순도를 원래의 반으로 낮췄을 때 가장 이상적인 트랜지스터가 만들어진다는 사실을 발견했다. 이 발견은 세상을 깜짝 놀라게 했고, 에사키 박사는 이 발견으로 노벨 물리학상을 수상했다.

이 사례에서 우리가 배울 점은 무엇일까? 바로 문제의 잘못된 정의는 게르마늄을 순도 높게 정련하는 것이고 정확한 정의는 더 우수한 트랜지스터를 만들어 내는 것이다. 더 우수한 트랜지스터를 만들어 내는 것이야말로 문제 해결의 근본적인 목적이라는 점이다.

문제의 범주를 높게 잡아라

문제의 범주를 명확히 잡기란 매우 어렵다. 그러나 여기에도 비결이 있다. 문제의 범주를 변화시켜 보는 것이다. 범주를 높게 잡으면 문제 해결의 범위가 넓어질 수 있다. 문제의 범위가 넓을수록 사고의 범위 역시 폭넓어진다.

1980년대 고이주에타Roberto Giozueta가 '코카콜라' CEO로 취임했다. 이때 코카콜라는 '펩시콜라'와 치열한 경쟁을 벌이고 있었으며, 이미 일부 시장은 펩시콜라에 잠식당한 상태였다.

'어떻게 하면 잃어버린 시장을 빼앗아 더 많은 시장을 차지할 수 있을까?' 당시 중간 경영자들은 펩시콜라와의 경쟁에서 승리하여 0.1%의 시장 점유율을 빼앗아오는 데 초점을 맞추고 있었다.

하지만 고이주에타는 이 문제를 좀 더 깊이 있게 연구한 후 부하 직원에게 다음의 몇 가지 사항을 조사하도록 지시했다. 당시의 조사에 따르면 미국인의 하루 평균 음료수 소비량은 14온스였고, 그중 코카콜라의 소비량은 2온스였다.

조사 결과를 들은 고이주에타는 이렇게 선언했다.

"우리의 경쟁 상대는 펩시콜라가 아니다. 우리에게 필요한 것은 물, 차, 우유, 주스 등 나머지 12온스의 시장 점유율을 빼앗아 오는 것이다. 그래서 사람들이 마실 것을 원할 때 꼭 코카콜라를 찾을 수 있도록 해야만 한다."

이 목표를 달성하기 위해 코카콜라는 모든 거리에 자동판매기를 설치하는 등의 새로운 판매 전략을 펼쳐 나갔다. 코카콜라는 이후의 판매량에서 급격한 상승세를 보이며 펩시콜라가 따라오지 못할 만큼 멀찌감치

달아났다.

코카콜라의 사례는 문제의 범주를 넓게 잡음으로써 문제를 쉽게 해결한 훌륭한 사례이다.

상반된 방면에서 해법을 찾아라

제2차 세계대전이 한창이던 어느 날, 소련군은 한밤중을 틈타 독일군 진영을 급습하기로 결정했다. 그러나 그날은 하늘에 별이 총총히 떠 있어서 적군에게 들킬 위험성이 높았다. 소련군 대장 주코프Georgii Konstantinovich Zhukov는 한참을 고민하다가 문득 좋은 생각이 났는지 전군의 모든 조명탄을 한곳에 모으라고 명령했다. 그리고 독일군 진영을 향해 진격하면서 140개 조명탄을 동시에 발사했다.

독일 병사들은 강렬한 불빛에 그만 시야를 잃고 전혀 반격하지 못한 채 속수무책으로 당했다. 소련군은 재빨리 독일군 방어선을 돌파하고 대승을 거두었다. 이는 제2차 세계대전 중 유명한 전투들 가운데 하나로 손꼽힌다.

여기서 문제의 범주를 다시 한 번 분석해 보면 잘못된 범주는 날이 어두워져야만 적을 공격할 수 있는 것이고, 정확한 범주는 적의 눈을 멀게 해 공격하는 것이다.

사람들은 날이 어두워져 아무것도 보이지 않을 때에야 적을 공격할 수 있다는 고정관념에 사로잡혀 있다. 그러나 지금은 완전히 반대로, 날이 어둡기는커녕 오히려 '아주 밝게 함'으로써 문제를 해결했다. 여기서는 '날이 어둡다'가 정확한 범주가 아니라 '보이지 않는다'가 바로 정확한 범주가 된다.

STORY 2

'장소를 바꿔 우물 파는 법'을 배워라

••• 사람이든 기업이든 더 큰 발전을 이루려면 반드시 새로운 영역을 개척해야만 한다. 어느 곳에서 우물을 팔 때, 아무리 깊이 파도 물이 나오지 않는다면 그곳을 고집할 필요가 없다. 새로운 장소를 물색하는 것이 현명한 방법이다.

그녀는 한 청년 신문의 과학부 편집자로 일처리가 매우 뛰어났다. 하지만 인재들이 넘치는 회사에서 두각을 나타내기가 쉽지 않았다. 그러던 중 그녀는 많은 젊은이들이 직장이나 일상생활에서 힘든 일이 닥쳤을 때 이를 털어놓을 곳이 없다는 사실을 발견했다. 이에 그녀는 젊은이들의 고민을 상담해 주는 '핫라인'을 개설하자는 아이디어를 제기했다.

이는 아주 새로운 생각이었지만 잡지사 내에서 아무도 그녀의 의견에 귀를 기울이지 않았다. 다수의 편집자와 기자들은 자신들의 주요 업무가 창작이나 기사 작성이기 때문에 이런 일에 시간을 쓰는 것은 값어치가 없다고 여겼기 때문이었다.

그러나 사장이 그녀의 의견에 동의하여 핫라인이 개설되었고 이는 예상 밖의 결과를 이끌어 냈다. 이것이 사회적으로 커다란 반향을 불러일으켜 전화통에 불이 날 지경이 된 것이다. 또한 많은 젊은이들의 마음의 소리가 전화선을 통해 한곳으로 모이면서 편집자들에게 수많은 기삿거리를 제공했다.

기사가 쏟아지자 신문사에서는 아예 신문지면 하나를 통째로 내주고 '청춘 핫라인'이라는 면을 새로 개설했다. 그리고 여기에 수많은 독자들의 마음의 소리를 발표했다. '청춘 핫라인'은 훗날 이 신문사에서 가장 인기 있는 지면으로 자리매김했다. 한편 이 편집자는 그해 중국 언론계 최고의 편집자에게 수여하는 '추도분鄒韜奮상'을 수상했다.

이 이야기는 내가 일찍이 몸담았던 『중국청년보』에서 일어난 일이다. 그리고 뛰어난 그 편집자는 내 동료이자 친구로 이름은 루샤오야陸小婭이다. 그녀가 이런 성공을 거두게 된 이유를 크게 두 가지로 나눠볼 수 있다.

첫째, 적극적이고 자발적인 정신이다. 이러한 정신을 갖춘 사람은 다른 사람이 전혀 창조해낼 수 없는 기회와 가치를 창조한다.

둘째, 지혜의 측면에서 봤을 때 매우 두드러진 점 하나가 있다. 바로 '장소를 바꿔 우물을 파는 것'이다.

장소를 바꿔 우물을 파는 것과 신사고를 개척하는 것

'장소를 바꿔 우물을 판다'는 창의적 사고의 대가인 드 보노 박사가 제시한 개념으로 그가 창시한 수평적 사고를 설명할 때 자주 인용된다. 1984년 미국 기업가 피터 위버로스는 LA 올림픽을 개최하여 당시까지만 해도 적자로 인식되어온 올림픽을 흑자로 바꾸어놓았다. 그는 인터뷰에서 가장 중요한 성공의 비결로 '수평적 사고'를 꼽았다.

수평적 사고란 과연 무엇일까? 드 보노 박사는 '수평'은 '수직'과 반대되는 개념으로 해석한다. '수직적 사고'는 주로 논리에 의지하며 한 가지 고정된 사고에 따라 나아갈 뿐이다. 반면 수평적 사고는 다각도로 사유하는 것을 가리킨다. 이를 설명하기 위해 그는 일반적인 비유 하나를 들었다.

어떤 곳에서 우물을 파는데 아무리 파도 물이 나오지 않는다고 가정해 보자. 수직적으로 사고하는 사람은 단지 자신의 노력이 부족했다고 여겨 더욱 열심히 그 우물을 팔 것이다. 그러나 수평적으로 사고하는 사람은 우물을 팔 곳을 잘못 선택했거나 아예 물이 없거나 아주 깊이 파야만 물이 나올 가능성이 높다고 판단할 것이고, 그 우물을 계속 파기보다는 쉽게 물을 얻을 수 있는 다른 우물을 찾아 나설 것이다.

수직적 사고는 항상 다른 가능성을 포기하기 때문에 창조력이 크게 국한된다. 하지만 수평적 사고는 다른 가능성을 끊임없이 탐색하기 때문에 창조력이 넘친다.

성공한 많은 사람들이 자신만의 독특한 방식으로 '장소를 바꿔 우물을 파는' 창조력을 실현했다.

멍뉴 유업은 3년 연속 중국에서 성장이 가장 빠른 기업으로 선정되는 영예를 누렸다. 이런 발전은 멍뉴 회장인 뉴건성의 경영 전략과 관련이 있다. 며칠 전 나와 친구는 초청을 받아 멍뉴를 방문했었다. 거기서 뉴건성과 멍뉴의 미래 발전의 길을 토론하면서 멍뉴가 이렇게 빨리 성장할 수 있었던 비결에 대해서도 이야기를 나눴다. 뉴건성은 다음의 관점을 재삼 강조했다.

"개인이든 기업이든 빠르게 발전하려면 반드시 신사고를 개척할 수 있어야 한다."

뉴건성은 원래 유명한 유제품 회사의 임직원으로 일했다. 훗날 그는 이 회사를 나와 '제로'에서 시작하여 5년 만에 100억 위안의 판매고를 올렸다. 이런 위업을 달성할 수 있었던 데는 그의 독특한 경영 방식 외에 유명한 재단 하나를 끌어들인 것과도 관련이 있다. 이 재단은 바로 세계적으로 유명한 모건 그룹이다. 모건 그룹의 동참으로 멍뉴는 가장 빠른 속도로 발전할 수 있었을 뿐 아니라 홍콩 증시에도 순조롭게 상장될 수 있었다.

자본 운용 등의 방면에 있어서 신사고 개척이라는 방법이 없었다면 멍뉴는 이렇게 빨리 성장할 수 없었을 것이다.

장소를 바꿔 우물을 파는 데 능하면 쉽게 문제를 해결할 수 있다

문제에 봉착했을 때 적극적으로 사고를 전환할 필요가 있다. 생각을 바꾸면 해결하기 어려운 문제도 쉽게 풀릴 수 있다.

미국 뉴욕의 한 유명한 식물원에는 날마다 관광객들의 발길이 끊이지 않았다. 그런데 관리인의 눈을 피해 몰래 꽃을 꺾어 가는 일부 관광객들이 문제였다. 후에 식물원 측에서 관리인을 교체했는데, 그가 공원의 팻말에 약간 수정을 가한 후부터 꽃을 꺾는 현상이 확실하게 근절되었다.

기존 팻말에는 다음과 같이 쓰여 있었다.

"꽃을 꺾는 사람은 벌금 200달러에 처함"

그러나 그가 고친 팻말에는 이렇게 적혀 있다.

"꽃을 꺾는 사람을 신고하는 사람에게 포상금 200달러 드림"

겨우 몇 글자를 수정했을 뿐인데 이렇게 큰 효과가 나타날 수 있을까? 식물원의 관리인은 다음과 같이 대답했다.

"원래 팻말로는 단지 제 두 눈에만 의지해 감시해야 했습니다. 그러나 지금은 경각심을 일깨우는 수백 개의 눈이 저를 대신해 감시하고 있죠."

이 얼마나 기발한 발상의 전환인가.

장소를 바꿔 우물을 파는 데 능하면 쉽게 두각을 나타낼 수 있다

톰 피터스Tom Peters가 전 세계를 풍미한 『초우량 기업의 조건』을 쓰기 전, 맥킨지에서 경영 컨설턴트로 근무했다. 그는 항상 독특한 견해를 제기했기 때문에 일정 기간 회사 내에서 비주류 인물로 분류되어 있었다. 나중에 그는 생각을 바꿔 외부 활동을 통해서 자신의 신용과 명예를 회복하고자 했다. 구체적인 방법은 다음과 같다.

그는 일부 직원들이 가기를 꺼려하는 외지에 자발적으로 찾아가 그곳 상황을 이해하고 관련 인사들과 접촉했다. 그렇게 함으로써 그는 새로운 정보를 쉽게 얻었을 뿐 아니라 회사 내에서도 성실한 이미지와 다른 사람들로부터의 신망을 동시에 얻게 되었다.

외부 활동을 통해 남들보다 앞서서 새로운 정보를 얻겠다는 생각이 있었기 때문에 그는 다른 직원들이 갖추지 못한 우세를 점할 수 있었다. 이밖에 그는 책에 기록된 이론들을 깊이 연구하여 새로움은 물론 전문성까지 갖춰 다른 사람들에게 인정을 받을 수 있었다.

장소를 바꿔 우물을 파는 데 능하면 창조적 사고가 더욱 넓어진다

비타민은 인체에 절대 없어서는 안 되는 영영소다. 그러나 비타민이 쌀겨에서 최초로 추출되었다는 사실을 아는 사람은 극히 드물다. 훗날 과학자들은 신선한 배추와 무, 레몬 등의 식물에서도 각종 비타민들을 발견해냈다.

'쌀겨에는 사료로 쓰는 것 외에 또 무슨 효용이 있을까? 배추나 무도 먹는 것 말고 쓸데가 어디 있을까?'

일반적인 관점에서 보는 것과 달리 이 식물들의 추출물은 삶의 질을 개선해 줄 뿐 아니라 심지어 목숨을 구해 주기도 한다. 이것이 바로 발산적 사고와 수평적 사고의 결실이다.

나무껍질이나 찢어진 천은 딱 봐도 아무 쓸모가 없다. 그러나 채륜蔡倫은 이것들을 가지고 종이를 발명해 인류 문명의 발전에 지대한 공헌을

했다. 짙은 연기와 뜨거운 공기를 사람들은 아무 의미 없이 지나친다. 그러나 몽골피에Montgolfier 형제는 이를 이용해 대형 열기구를 만들어 사람을 태우고 비행에 성공했다.

이처럼 사물의 다양한 특성이나 기능을 끊임없이 밝혀냈던 선각자들의 노력으로 인류 역사도 부단히 발전했다.

장소를 바꿔 우물을 파는 데 능하면 경쟁에서 승리할 수 있다

알프레드 풀러Alfred C. Fuller는 8센트짜리 솔을 팔아 자수성가한 사업가다. 솔 제조 사업이 유망하다고 판단한 사람들이 잇달아 생산에 뛰어들자 풀러는 엄청난 경영 압박에 시달렸다. 경쟁이 치열해졌다고 느낀 그는 대담하게도 눈을 일반 소비자에서 군인으로 돌렸다.

당시는 제2차 세계대전이 한창이던 때였다. 그는 심혈을 기울여 총신 닦는 솔을 제작하고 관련 인사들을 찾아다니며 제품의 우수성을 선전했다. 마침내 군 관련 인사 중 한 명이 그의 건의를 받아들여 그의 회사와 3,400만 개의 솔을 공급한다는 계약을 체결했다. '장소를 바꿔 우물을 파는' 책략은 그에게 엄청난 부를 안겨 주었고, 보너스로 '솔의 대왕'이라는 명성까지 얻게 해주었다. 일반 소비자에게 솔을 팔기 위해 쟁탈전을 벌이던 사람들로서는 절대 생각할 수 없는 해법이었다.

'장소를 바꿔 우물을 파는' 전략은 시장 선점에 매우 중요한 역할을 하기도 했다.

수십 년 동안 미국의 음료 시장은 콜라가 독점해왔다. 1968년에 이르러 '세븐업'은 '비非콜라' 전략을 내세우며 음료 시장에 뛰어들었다. 세븐업은 광고에서 줄곧 자신들은 콜라가 아님을 강조했고, 소비자에게도 청량음료에는 콜라와 콜라가 아닌 것, 이 두 가지가 있다고 홍보했다. 콜라에 질렸다면 세븐업이 대안이라는 말이다. '비非콜라'로 차별화한 광고가 나간 후 사람들에게 큰 호응을 얻은 세븐업은 1년 만에 판매량 부분에서 코카콜라와 펩시콜라에 이어 3위를 차지했다.

STORY 3

유추법으로
문제를 해결하라

••• 이성이 믿을 만한 논증을 도출해내지 못했을 때 유추법은 종종 우리를 발전으로 이끈다. 창조와 연상의 심리 메커니즘은 먼저 유추에서 나온다.

 마오리샹茅理翔은 중국 내 굴지 기업인 팡타이方太 그룹의 창업자다. 그가 막 창업했을 당시 성능이 우수한 전기 점화 장치를 발명했지만 판로를 찾기가 어려웠다. 나중에 그는 광저우廣州에서 개최하는 '중국수출상품교역회'에 참가하기로 결정하고 이 기회를 통해 판로를 개척하고자 했다.

 그러나 엄청난 규모의 전시회에서 구매자들의 주목을 이끌어내는 것은 쉽지 않았다. 순간 그는 중국의 마오타이주茅台酒가 국제 시장에서 처음 선보였을 때의 이야기가 떠올랐다.

파나마 국제 박람회에서 마오타이주는 아무도 찾는 사람이 없었다. 그러자 행사 마지막 날 판매 직원이 아예 로비에 술병을 던져 깨뜨려 버렸다. 순간 술 향기가 코를 찌르며 수많은 구매자들과 평가단을 끌어 모았다. 향긋한 술 향기에 취한 평가단의 재심을 거쳐 마오타이주는 금상을 수상했다.

마오리샹은 이 일화에서 영감을 얻어 유사한 방법을 쓰기로 결정했다. 그는 양손에 전기 점화 장치를 들고 춤을 추며 시범을 보였다. 입으로는 '호이호이' 하는 소리를 냈다. 그의 재미있는 동작과 사용 시범은 금방 사람들의 눈길을 사로잡았다. 이렇게 해서 그의 전기 점화 장치는 큰 인기를 끌었다.

마오리샹의 성공 비결은 그가 '유추법'을 운용한 데에 있다.

유추란 '두 개 또는 두 종류의 사물이 서로 비슷하거나 같은 속성을 가지고 있다'는 사실에서 출발하여, 그중 하나의 사물이 다른 하나 또는 다른 한 종의 사물이 이미 갖춘 다른 속성을 가지고 있다고 미루어 짐작하는 사유 방식이다. 유추는 발명을 유도하고 문제를 해결할 때 중요한 나침반 역할을 하기 때문에 많은 사상가나 과학자들이 중요하게 생각한다.

천문학자인 케플러Johannes Kepler는 "유추는 가장 믿을 만한 나의 스승이다"라고 말했고, 철학자 칸트Immanuel Kant는 "이성이 믿을 만한 논증을 도출해 내지 못했을 때 유추법은 종종 우리를 발전으로 이끈다"라고 지적했다.

오늘날 유추의 역할은 갈수록 중시되고 있다. 유추의 주요한 역할은 다음 세 가지로 개괄할 수 있다. 연구 방향 제시, 경험의 이식, 효과적으로 영향력 미치기 등이다. 유추의 종류 또한 형상 유추, 기능 유추, 인과 유추, 대칭 유추, 모형 유추 등 매우 다양하다. 여기서는 유추 능력을 어떻게 배양할 것인지에 대해 중점적으로 이야기해 보자.

유사성에 대한 직관을 키워라

사람의 인식은 항상 낯선 데서 익숙한 데로 발전한다. 새로운 사물에 대한 인식은 예전 사물을 참고로 한다. 새로운 사물 창조 혹은 새로운 사물에 대한 효과적인 인식은 먼저 유사성에 대한 예리한 직관을 필요로 한다.

어느 일요일 날 프랑스의 저명한 의사 라에네크René Théophile Hyacinthe Laënnec는 딸을 데리고 공원에 놀러 갔다. 딸아이의 성화에 같이 시소를 타던 그는 조금 피곤한 생각이 들어 시소 한쪽 끝에 머리를 대고 잠든 척했다. 딸은 아빠의 모습을 보고 매우 즐거운 표정을 지었다. 그때 갑자기 라에네크의 귀에 낭랑한 소리가 들려왔다. 눈을 떠보니 딸아이가 작은 나무 막대기로 시소의 다른 한쪽 끝을 두드리고 있는 것이었다.

순간 라에네크는 의료 활동 중에 겪었던 한 가지 문제가 떠올랐다. 당시 의사들이 청진할 때 쓰는 방식은 환자의 발병 부위에 직접 귀를 대는 것이었는데, 이것은 불편하기도 하고 또 과학적이지도 않았다.

'시소의 끝부분을 두드리면 다른 한쪽 끝에서도 똑똑히 들린다. 그렇다면 어떤 사물을 통해서 환자 신체의 어느 부위의 소리를 의사가 똑똑

히 들을 수 있지 않을까?'

　라에네크는 두꺼운 종이를 확성기 모양으로 둘둘 말아 넓은 부분은 환자의 가슴에 대고 좁은 부분에 자신에 귀를 댔다. 그런데 소리가 너무도 또렷이 들렸다. 세계 최초의 청진기는 이렇게 탄생하게 되었다. 나중에 그는 두꺼운 종이를 대신하여 목재로 한쪽 귀로 진찰하는 청진기를 만들었으며, 후에 이를 기초로 오늘날 널리 쓰이는 청진기가 연구 제작되었다.

　유추법은 하나를 통해 열을 알게 해 주는 역할을 한다. 이는 대체로 다음의 세 단계를 거친다.

- 현상에 대한 민감한 반응
- 추리
- 통달

이 세 가지가 순간적으로 합쳐지는 것이 바로 유사성에 대한 직관이다.

직접 대응해볼 수 있는 것을 찾아라

　유추법은 피동적인 사고임과 동시에 자발적인 개척이라고 할 수 있다. 그러므로 어떤 사물을 창조하는 과정에서 아이디어가 고갈되었을 때 유추를 통해 자연계 또는 인공물 중 창조 대상 및 목적과 유사한 대응물을 직접 찾는다면 헛된 망상에 의존하는 잘못을 줄일 수 있다. 거북이의 습성을 관찰하여 만든 수륙 양용 전차나 박쥐의 비행을 본떠 발명한 초음파 탐지기 등이 그 예이다.

직접 유추의 대응물을 찾는 데는 또 다른 유형이 있다. 이는 결코 먼저 창조의 목적을 명확히 세우는 것이 아니라 먼저 어떤 사물이 거울삼을 만한 특징을 가지고 있음을 발견한 후에 이를 대치할 수 있는 사물을 창조하는 것이다.

길을 가다가 바나나 껍질을 밟으면 넘어지기 십상이다. 이는 우리가 흔히 볼 수 있는 현상으로 1960년대 한 미국의 과학자가 이 현상에 커다란 흥미를 보였다. 그는 현미경 관찰을 통해 바나나 껍질이 수백 개의 얇은 겹으로 구성되어 있으며, 그 사이에서 쉽게 미끄럼 현상이 발생한다는 사실을 발견했다. 순간 그는 이런 생각이 들었다.

'바나나 껍질과 유사한 물질을 찾을 수 있다면 우수한 윤활제를 만들 수 있지 않을까?'

마침내 그는 '이황화몰리브덴MoS^2'을 발견했는데, 그 결합 구조가 바나나 껍질과 매우 흡사했다. 그는 수차례 실험을 거쳐 성능이 뛰어난 윤활제를 제조했다.

만약 우리가 주위에서 흔히 볼 수 있는 현상을 가지고 사고를 유추해 나간다면 이런 기적을 창조할 수도 있다.

과거의 경험이나 교훈을 오늘에 효과적으로 대입하라

제2차 세계대전 말기에 독일은 핵무기 개발에 착수했다. 이 소식은 미국으로 거처를 옮긴 아인슈타인과 같은 과학자들의 주목을 받았다. 그들은 루스벨트 대통령을 설득해 미국도 핵무기 연구를 진행하고자 했다. 루스벨트의 친한 친구이자 경제학자인 알렉산더 작스Alexander Sachs가 앞장서서 대통령 설득에 나섰다. 그러나 루스벨트는 친구의 과학 이론에 전혀 흥미를 느끼지 못해 그의 요청을 단박에 거절했다. 작스는 다음날 또 대통령을 만나러 갔다. 이번에 그는 핵무기에 대한 얘기는 꺼내지도 않은 채 역사 이야기를 들려주었다.

"영불전쟁 때 나폴레옹은 해전에서 연전연패를 했다네. 이때 풀턴이란 젊은이가 증기선을 발명했지. 그는 나폴레옹을 찾아가 자기가 알려주는 방법대로 증기선을 제조하면 강력한 영국 군함을 무찌를 수 있다고 말했어. 이건 그야말로 하늘이 준 기회였지. 그런데 나폴레옹은 새로운 발명품을 믿지 못했고 또 증기선의 사용이 절대 불가능하다고 여겼네. 결국 영국에 승리할 수 있는 절호의 기회를 놓치고 말았지."

이야기가 끝나자 식견이 깊은 루스벨트는 당장 그의 말에 고개를 끄덕이고는 그 즉시 원자탄 연구에 필요한 인원을 조직해 하루빨리 원자탄을 생산하라고 독려했다.

"타인의 경험을 내게 적용시키는 능력을 갖추려면 먼저 유사한 점을 재빨리 발견해 낼 수 있는 능력부터 반드시 갖춰야 한다."

새로운 성과를 얻든 지난 오류에서 벗어나든, 유추법의 역할을 절대 가벼이 봐서는 안 된다.

STORY 4

역발상으로
문제를 해결하라

••• 정면으로 통과할 수 없을 때 뒤로 한번 돌아서 가 보라. 어쩌면 길이 열릴 수도 있다.

역발상은 상식적인 도리에서 크게 어긋난 생각으로 반대쪽에서 문제를 탐구하고 해결하는 방법이다.

    역발상은 상식적인 도리에서 보면 크게 어긋난 생각으로, 반대쪽에서 문제를 탐구하고 해결하는 방법이다. 문제를 한 가지 각도로만 생각하다 보면 막다른 골목에 몰리는 경우를 자주 목격하게 되는데, 이는 눈에 보이는 사실과 완전히 상반된 가능성이 존재하기 때문이다. 또한 정면 돌파로는 문제를 해결할 수 없는 경우도 있다. 이때 역방향으로 생각을 바꾸면 오히려 의외의 결과가 얻을 수 있다.

먼저 레노버 창립 초기에 발생한 일화를 살펴보자. 당시 어느 회사 책임자가 어느 고객에게 컴퓨터 60대를 팔려고 했다. 성공만 한다면 회사가 탄탄하게 기반을 세울 수 있는 절호의 기회였다. 그러나 그가 모든 방법을 총동원했음에도 고객은 시간만 끌 뿐 확답을 주지 않았다. 이에 그는 사장인 류촨즈에게 도움을 요청하고 함께 이 고객의 공략에 나섰다.

고객과 대면한 자리에서 이 책임자는 청산유수처럼 제품의 우수성을 설명하며 고객의 마음을 사로잡고자 노력했다. 5분이 지나자 고객의 얼굴은 귀찮다는 표정이 역력했고, 류촨즈의 안색 또한 갈수록 어두워졌다.

"그만 하게, 지금부터는 내가 설명하겠네."

참다못한 류촨즈가 아예 그의 말을 중간에서 끊어 버렸.

류촨즈는 그 책임자와는 전혀 다른 방법을 사용했다. 그는 먼저 겸손하게 레노버가 신생 기업이며 부족한 점이 매우 많다는 것을 인정했다. 하지만 신생 기업이기 때문에 고객에 대한 서비스에 더욱 신경을 써 진심으로 고객을 '하느님'처럼 받들고 있다고 말했다.

"훌륭합니다. 당신의 태도를 보면서 컴퓨터를 사기로 결정했습니다."

류촨츠의 설명을 들은 고객이 만족스러운 얼굴로 말했다. 류촨즈의 저자세 마케팅이 결국 고객의 마음을 움직인 것이다.

적극적인 홍보로는 효과를 얻지 못했지만 자세를 낮춘 진실한 태도가 오히려 성공을 가져왔다. 이는 무엇을 설명하는 것일까?

성실과 신용이 대단히 중요한 덕목이라는 점 외에도 문제를 해결할 때 반대편에서 손을 쓰면 오히려 쉽게 성공할 수도 있음을 알려 주고 있다.

역발상은 막혔던 앞길을 뻥 뚫어준다

이는 역발상의 가장 큰 매력 중 하나이다.

남당南唐의 후주後主 이욱李煜은 학식이 깊고 말재간이 뛰어난 서현徐鉉을 송나라에 파견해 조공을 요구했다. 관례에 따라 송나라 조정에서는 관리 한 명을 보내 사신과 함께 입조해야만 했다. 그러나 조정 대신 모두 자신이 서현보다 말재주가 떨어진다고 여겨 아무도 가려하지 않았다. 송 태조가 이를 알아채고 누구도 예상치 못한 뜻밖의 결정을 내렸다. 바로 '낫 놓고 기역자도 모르는' 시위 10명의 이름을 적어 내라고 명한 것이다. 그런 다음 태조는 붓으로 아무 이름에나 동그라미를 친 뒤 "이 자가 적합하다"라고 말했다.

그 자리에 있던 대신들 모두 깜짝 놀랐다. 하지만 어느 누구도 감히 이의를 제기하지 못했다. 그래서 하는 수 없이 어찌된 영문인지조차 모르는 이 시위를 서현에게 보냈다.

서현은 시위를 보자마자 청산유수처럼 말을 늘어놓았다. 그러나 그의 말에 전혀 대꾸할 수 없었던 시위는 그저 고개만 연신 끄덕일 뿐이었다. 서현은 고개만 끄덕이는 상대를 보고 도대체 얼마나 인내심이 강한지 알 길이 없어 체면 불고하고 계속을 말을 이어 나갔다. 그렇게 며칠이 흘렀지만 시위는 여전히 입도 뻥긋하지 않았다. 서현도 역시 지칠 대로 지쳐 더 이상 아무 말도 하지 않았다.

이것이 바로 어리석음으로 지혜로운 자를 곤경에 빠뜨려 난제를 해결한 송 태조의 유명한 이야기이다.

쓸모없는 것을 보석으로 만드는 역발상

역발상은 매우 건설적인 사고법이다. 수많은 계기가 정면이 아니라 반대 방향에서 나온다는 사실이 이를 증명한다. 그러므로 당신이 원래 상상했던 것과 정반대의 상황이 벌어지더라도 성급히 부정하거나 포기하기 말고 조금만 더 생각해야 한다.

캐나다에서 회사를 다니는 평범한 샐러리맨이 있었다. 어느 날 그가 사무실에서 실수로 병을 깨뜨렸는데, 병 속의 액체가 복사 준비 중이던 중요한 문서에 튀고 말았다. 그는 액체가 튄 부분의 글자가 보이지 않을 것이라는 생각에 크게 걱정되었다. 그런데 그가 문서를 집어 들자 오히려 그 부분의 글자가 더욱 선명하게 보이는 것이다. 그는 다행이라고 생각하고 그 문서를 복사했다. 그런데 또다시 뜻밖의 상황이 벌어졌다. 복사돼 나온 문서를 보니 액체가 튄 부분에 검은 점이 생긴 것이었다. 문서를 곧 제출해야 하는 상황에서 이것을 어떻게 제거할 수 있을까? 하지만 그는 거꾸로 생각해 보았다.

'복사기가 발명된 이래, 사람들은 늘 문서의 불법 복사 때문에 골머리를 앓고 있다. 만약 이 액체가 불법 복사를 막을 수 있다면 이 문제가 쉽게 풀릴 수 있지 않을까?'

그는 이 액체를 기초로 특수한 복사 방지용 용지를 연구하여 제작해 냈다. 이 용지는 글씨를 쓰거나 타자를 치는 것은 가능하지만 절대 복사가 되지 않았다. 이 발명으로 그는 회사를 차리고 복사 방지용 용지를 전문적으로 생산했는데, 공급이 수요를 따라잡지 못할 정도였다. 이처럼 사고의 방향을 전환하면 예상치 못한 큰 이익이 발생할 수도 있다.

거꾸로 생각하면 답이 보인다

이는 주로 창조와 발명에 쓰이는 방법이다. 주요한 이론적 근거는 수많은 일들이 상호 인과관계를 가지고 있다는 데 있다. 이는 사실 상호 인과관계의 역발상 탐구법이라고 말할 수 있다.

전자석이 발견되자 독학으로 성공한 영국 청년 패러데이Michael Faraday가 이에 대해 커다란 흥미를 보였다. 그는 반복된 실험을 통해 '전기를 통해서 자석을 만들 수 있다면 그 반대로 전자석으로 전기를 생산할 수 없을까?'라는 생각을 하게 되었다.

그는 실험에 박차를 가해 원통형 자석을 구리철사로 둘둘 말은 긴 통에 넣어 전류가 흐르도록 했다. 패러데이는 이 발견에 힘입어 세계 최초로 발전기를 고안해냈다.

STORY 5

측면 사고법으로 문제를 해결하라

••• 문제를 사고할 때, 정공법을 택하지 말고 전혀 예상치 못한 측면에서 문제를 사고하고 해결하라. 측면에서 관련점을 찾고 관심점을 부각하고 가치점을 찾고, 정면이 막혀 있으면 측면에서 돌파구를 찾아라. 측면 사고방식을 기르는 방법은 다음 두 가지이다.
첫째, '우회적' 사고 습관을 길러라.
둘째, 강약의 변증법을 장악하라.

만약 당신이 한 영화사의 직원이라고 가정해 보자. 현재 회사에서는 다른 도시에 새로운 극장을 설립할 계획을 세우고 당신에게 한 가지 임무를 내렸다.

'하루 이틀 내로 극장을 설립할 최적의 장소를 물색할 것.'

당신이라면 이렇게 짧은 시간 안에 임무를 완수할 수 있는가? 극장과 상점을 세울 때 가장 중요한 것은 첫째도 장소요, 둘째도 장소다. 장소가 그토록 중요한 이유는 상점과 극장이 번성하려면 가장 먼저 사람들의 이목을 끌어야 하기 때문이다. 그리고 사람의 이목을 끌려면 유동 인구가 가장 많고 소비력이 강한 지역을 택해야만 한다.

많은 사람들이 이 문제에 직면했을 때, 습관적으로 유동 인구를 파악함으로써 문제를 해결하려 한다. 그중 가장 직접적인 방법은 매일 각지로 사람을 보내 실사를 하는 것이다. 그러나 이 방법은 많은 시간과 노력을 필요로 하기 때문에 단시간 내에 결과를 얻기란 불가능하다. 또한 전문적인 조사 기관에 의뢰하는 방법도 있지만 비용이 많이 든다는 단점이 있다. 그렇다면 이 두 방법 외에 더 좋은 방법은 없을까?

일본의 한 영화사의 고위 경영자도 바로 이러한 문제에 맞닥뜨렸다. 하지만 그는 매우 간단한 방법으로 문제를 쉽게 해결했다. 그는 부하 직원을 데리고 극장을 설립할 도시의 파출소를 찾아가 조사를 진행했다. 조사 목표는 매우 간단했다. 평소에 사람들이 지갑을 가장 많이 잃어버리는 지역을 찾는 것이었으며, 그는 그렇게 찾은 그 지역에 극장을 세웠다.

과연 그의 선택은 옳았을까? 그 극장은 모든 영화사들이 설립한 수많은 극장 중에서 가장 많은 사람이 찾는 곳이 되었다.

그가 이런 선택을 하게 된 이유는 무엇일까? 지갑을 가장 많이 잃어버리는 곳이 바로 유동 인구가 가장 많고 소비 활동이 활발히 이루어지는 곳이기 때문이다.

사례에서 볼 수 있듯, 그 경영자가 채택한 방법이 바로 측면 사고법이다.

측면 사고법의 구체적 방법은 문제를 사고할 때, 정면으로 문제를 보지 않고 누구도 예상치 못한 측면에서 문제를 사고하고 해결한다는 것이다.

측면에서 관련점을 찾아라

간혹 모종의 관련점을 찾는 것이 문제 해결의 열쇠가 되기도 한다. 만약 정공법으로 힘이 많이 들거나 불편한 점이 있을 때, 측면에서 해법을 모색하는 것도 좋은 방법이 된다.

앞서 기술한 극장을 설립의 예를 통해 측면에서 관련점을 찾는 방법을 살펴보자.

- 가장 이상적인 장소는 사람이 가장 많은 곳이다.
- 사람이 가장 많은 곳이란 ❶ 인구가 넘쳐나는 곳 ❷ 사람이 붐비는 곳 ❸ 시끄러운 곳 ❹ 물건을 쉽게 잃어버리는 곳 등이다.
- 그중에서 가장 실질적이고 중요한 측면을 고른다면 물건을 쉽게 잃어버리는 것이다.
- 사람들이 어디서 물건을 가장 많이 잃어버리는지 알 수 있는 곳은 바로 파출소이다.

측면에서 관심점을 부각하라

상품을 판매할 때 가장 중요한 것은 사람의 마음을 이끌어야 한다는 것이다. 사람의 마음을 이끌기 위해서는 관심점을 부각하는 것이 필요하다. 간혹 정면에서 관심점을 부각하는 것이 어려울 때 측면에서 방법을 찾는다면 큰 효과를 볼 수 있다.

서머싯 몸William Somerset Maugham은 영국의 유명한 작가이다. 그가 이름이 알려지기 전에는 책이 전혀 팔리지 않아서 그의 생활은 매우 궁핍했다. 그러던 중, 그는 한 가지 묘안을 생각해 당시 가장 잘 팔리는 신문에 이런 광고를 실었다.

"나는 젊고 교양이 있으며 다양한 취미를 가진 백만장자입니다. 서머싯 몸의 소설 속 여주인공과 같은 여성을 만나 결혼하고 싶습니다."

그 결과 그의 소설은 날개 돋친 듯 팔려 나갔다.

책이 안 팔릴 때 직접적으로 책의 가치를 선전하는 것은 정공법이다. 그러나 이 방법은 노력에 비해 결과가 좋지 않을 경우가 많다. 그렇다면 측면에서 일을 계획해 보자. 백만장자의 구혼 광고를 통해 사람들의 관심을 유도해내는 것이다. '도대체 몸의 소설이 얼마나 매력적이기에 백만장자인 청년이 소설 속 인물을 배우자로 선택하려는 것일까?' 호기심이 발동한 독자들은 바로 달려가 몸의 소설을 구매했다.

몸은 구혼 광고를 통해 책 광고라는 본래 목적을 달성한 셈이다. 이것이 바로 측면 사고의 매력이다.

측면에서 가치점을 찾아라

모두들 어떤 사물의 정면 가치에 몰두할 때, 이와 관련 있는 측면 가치에 관심을 기울인다면 그 안에서 특별한 기회를 발견할 수 있을 것이다.

19세기 중엽 미국 캘리포니아 주에서는 골드러시의 붐을 타고 사금을 캐려는 사람들이 벌 떼처럼 몰려들었다. 이들 중 부자가 된 사람도 있었지만, 본전도 못 찾은 사람들이 대부분이었다. 당시 '아모르'라는 청년도 사금을 캐러 왔다가 우연한 기회에 이곳에는 마실 물이 매우 부족하다는 사실을 발견했다. 미래를 내다보는 눈이 있었던 그는 이것이야말로 엄청난 비즈니스 기회임을 눈치챘다. 그는 사금 캐기를 그만두고 식수를 파는 물장사로 전업했다.

"멀리서 이곳까지 달려와서는 고작 물장사나 하다니 정말 가소롭구먼."

물장사를 처음 시작했을 때, 사람들은 그를 보며 조롱했다. 하지만 그는 전혀 동요하지 않고 꿋꿋이 식수를 팔았고 아주 짧은 시간 안에 무려 6,000달러라는 거금을 벌었다. 사금을 캐러 온 많은 사람들이 여전히 굶주림에 허덕일 때, 그는 이미 장사 밑천을 마련했다. 결국 그는 자신이 번 돈을 이용해 미국에서 유명한 거상이 되었다.

앞선 사례에서 아모르가 취했던 방법이 바로 측면에서 가치점을 찾는 방법이다. 전면에 보이는 가치는 항상 밖으로 드러나 있기 때문에 측면에 있는 가치가 아무리 두드러져도 사람들은 이에 주목하지 않는다. 그러므로 이를 발견하고 추진력 있게 밀고 나가야만 성공을 거둘 수 있다.

정면이 막혀 있으면 측면에서 돌파구를 찾아라

이는 막혀 있는 정면으로 가지 말고 더욱 이상적인 효과를 얻기 위해 측면에서 길을 개척하라는 말이다.

1940년대 미국 제록스Xerox에서 세계 최초로 복사기를 제조했다. 회사 창업자인 조 윌슨Joe Wilson은 복사기 특허를 신청했다. 당시 복사기 수요량이 폭발적으로 늘어났지만 윌슨은 일반적인 판매 방식을 채택하지 않고 다소 엉뚱한 방법을 생각해냈다.

복사기의 원가는 2,400달러였지만 정가를 무려 2만 9,500달러로 책정한 것이다. 이는 판매로를 자기 스스로 막아 버리는 것이나 다름없었다. 윌슨이 이 방법을 쓴 이유는 바로 복사기를 임대하기 위해서였다. 이렇게 하자 복사기 임대는 순식간에 전국 각지로 퍼져 나갔다. 훗날 복사기 임대업이 활성화되면서 제록스는 판매 수익을 뛰어넘는 이윤을 올릴 수 있었다. 이를 기회로 충분한 자금이 확보되자 다시 생산을 시작해 또 다시 수익을 내는 선순환을 이루었다.

두 가지 요점

측면 사고력을 발전시키는 데 필요한 두 가지 열쇠가 있다.

첫째, '우회적' 사고의 습관을 길러야 한다. 억지로라도 사람들이 눈을 주지 않는 곳으로 생각을 돌리고, 측면에서 사고하도록 노력하라. 나폴레옹은 이런 명언을 남겼다.

"나는 지금껏 우회 공격할 수 있는 진지를 정면으로 친 적이 없다."

측면 사고는 종종 길을 돌아가는 것도 필요로 한다. 그러므로 '우회적' 사고를 기르는 것은 측면 사고를 효과적으로 실행하는 열쇠가 된다.

둘째, 강약의 변증법을 장악해야 한다. 설사 정공법을 채택해야 하는 상황에서도 측면으로 사고하고, 남들이 눈을 주지 않는 곳, 두 번째로 중요한 곳이나 모퉁이를 택해야 한다. 이는 사실 강약의 변증법을 체현하는 것이다. 우리는 다방면에서 변증의 관계를 파악할 수 있다. 조연이 곧 주연이고, 보잘것없는 것이 바로 중요한 것이고, 눈길을 주지 않는 것이 곧 눈길을 끄는 것이고, 우회로가 바로 지름길이고, 부대 효과가 곧 가장 효과적인 것 등 수를 헤아릴 수 없다.

모든 강약의 변화는 '숨음'과 '드러남'이 전환되면서 나타나는 과정이다. '주연', '눈길 끄는 것', '중요한 것', '지름길', '가장 효과적인 것' 등 모든 강한 것은 시작할 때는 숨겨져 있다. 그러나 마지막에 이르러서 그것들은 새로운 국면을 열면서 나타나는데, 이때 사람들로 하여금 "아, 난 왜 그런 생각을 못했지?"하고 탄식하게 만든다.

STORY 6

체계적인 방법으로
문제를 해결하라

••• 체계적인 방법이란 어떤 문제를 해결하려고 고민할 때, 그것을 고립적이거나 분할적으로 처리하는 것이 아니라 유기적 관련이 있는 체계로 처리하는 것을 가리킨다. 체계적인 방법에는 체계적인 정체성, 체계적인 유기 관련성, 체계적인 단계성, 체계적인 환경성, 체계적인 동태성 등이 포함된다.

체계적인 방법을 장악하고 운용하기 위해서는 다음에 주의해야 한다.

독립적인 관계를 체계적인 관계로 변환시켜라.

'1+1〉2'가 된다는 점을 배워라.

스스로 시스템을 해결하는 법을 교묘하게 운용하라.

많은 사람들이 직장 생활에서 다음과 같은 문제에 봉착하게 된다. 좋은 마음으로 시작한 일이 결과적으로는 헛수고로 돌아가고 심지어 내게 감사해야 할 사람마저 원망이나 질책을 퍼붓는 경우가 그것이다. 왜 이런 현상이 일어나는가? 그것은 우리가 문제의 단면만 보고 나머지는 신경 쓰지 않았기 때문일 가능성이 높다.

언젠가 내가 한 기업에서 실천력 훈련을 강의한 일이 있었다. 강의가 끝난 후 그 기업의 홍보부 부장이 내게 아무리 생각해도 해결하기 어려운 문제가 발생했다며 고민을 털어놓았다. 이 기업의 디자인팀에서 최근 신상품을 개발했는데, 본인은 이 상품이 너무 뛰어나다고 생각해 그 자리에서 신상품 소개서를 작성하여 현지 언론매체에 실었다는 것이다.

이는 매우 좋은 일로 볼 수 있다. 기업 뿐만 아니라 디자인팀까지 홍보했으니 말이다. 그런데 그녀가 보도자료를 발송한 이후, 디자인팀 팀장이 그녀에게 딴죽을 걸었고, 심지어 자신의 얼굴을 봐도 모른 척 했다는 것이다. 그녀는 무슨 문제가 있는지 영문을 몰라 나에게 도움을 요청했다.

나는 그 자리에서 대답을 하지 않고 디자인팀 팀장을 직접 찾아가 상황 설명을 들은 후 문제가 어디서 발생했는지 알게 되었다. 알고 보니 디자인팀 팀장은 홍보는 물론 좋은 일이지만 홍보부 부장이 자신들에게는 보도자료를 보낸다는 사실을 전혀 알리지 않았다는 것이다. 이는 두 가지 부정적인 결과를 가져왔다.

첫째, 홍보부 부장은 이 신상품에 대해 완벽하게 알지 못하므로 부정확한 정보를 전달할 수 있어서 전문가의 웃음거리가 되기 쉬웠다. 이는 디자인팀의 명예를 실추시키는 일이 될 수도 있다.

둘째, 이 프로젝트는 디자인팀에서 전담한 것이라 성공을 거두게 되면 직접 대표를 찾아가 자신들이 정성스레 준비한 보고서를 전달할 작정이었다. 그러나 마침 출장 중인 대표가 돌아온다면 가장 먼저 홍보부 부장의 보도자료를 볼 것이고 그녀를 칭찬할 게 뻔했다. 디자인팀 팀장은 홍보부 부장이 자신의 공로를 가로챘다고 여겨 기분이 상했던 것이다.

이것은 홍보부 부장의 예상을 크게 빗나간 것이다. 특히 두 번째 결과는 그녀로서도 너무 크게 오해를 받았다고 여길 만했다. 그러나 결과가 어쨌든 다른 사람이 그녀를 오해한 것은 엄연한 사실이고, 그녀는 자신의 성급한 일처리를 시인하지 않을 수 없었다. 만약 디자인 팀장과의 커뮤니케이션이 원활하게 이루어졌다면 이런 결과는 피할 수 있었을 것이다.

이 일화가 우리에게 주는 교훈은 커뮤니케이션의 문제 뿐만 아니라 회사 내에서 어떤 문제를 처리할 때 회사가 바로 하나의 시스템임을 알아야 한다는 사실이다. 어떤 문제를 해결하려고 고민할 때, 고립적이고 단편적이고 기계적인 방식을 취하지 말고 항상 유기적인 시스템에 따라 처리해야만 한다.

체계적인 방법은 유구한 역사를 지닌 가장 창조성이 뛰어난 사유 방식 중 하나이다. 여기에는 다섯 가지 주요 방법이 포함되어 있다. 체계적인 정체성, 체계적인 유기 관련성, 체계적인 단계성, 체계적인 환경성, 체계적인 동태성이 그것이다. 체계적인 방법을 확실히 파악하고 운용하려면 위의 방법들에 주의해야 한다.

독립적인 관계를 체계적인 관계로 변환시켜라

기업을 경영하면서 자금 부족 문제는 항상 부딪히는 일이다. 만약 당신이 설립한 회사가 전도유망하지만 갑자기 자금줄이 막혀 은행에서 대출도 안 되고 돈 빌릴 곳마저도 전혀 없다면, 당신은 어떻게 하겠는가? 좋은 해법이 전혀 떠오르지 않는다면 다음의 이야기에서 힌트를 얻을 수 있다.

'호텔왕'으로 불리는 힐튼Conrad Hilton이 호텔을 건설할 때, 갑자기 자금난에 부딪혀 공사를 계속하기 어려웠던 적이 있었다. 아무런 방법도 없는 상황에서 그는 순간 묘안을 생각해내고 자신에게 부지를 판 사람을 찾아가 건물을 지을 돈이 없다고 실토했다. 그러자 땅주인은 전혀 아랑곳하지 않고 그에게 이렇게 답했다.

"그러면 공사를 중단했다가 돈이 생기면 다시 지으시죠."

"그건 저도 알고 있습니다. 하지만 공사가 중단되면 손실을 입는 건 저 하나만이 아닙니다. 당신은 저보다 더 큰 손실을 볼 것 같은데요."

땅주인이 고개를 갸우뚱하자 힐튼이 이어서 말했다.

"제가 당신 부지를 산 다음에 주변 땅값이 많이 올랐습니다. 그러나 우리가 공사를 중단한다면 이 부근의 위치한 당신 부지에 틀림없이 큰 영향을 미칠 겁니다. 만약 우리가 공사를 중단한 게 부지가 안 좋아서 다른 곳으로 이전하기 위해서라는 소문이 난다면 이곳 땅값은 올라가기는커녕 떨어질 게 분명합니다."

"그럼 어떻게 하면 되겠소?"

"아주 간단합니다. 당신이 건물을 완공하고 다시 저에게 파는 겁니다. 당연히 제가 돈을 지불하고요. 하지만 지금은 돈이 없으니 호텔을 개장한 후 이윤이 발생하면 분할해서 지급하겠습니다."

땅주인은 썩 내키지 않는 제안이었지만 곰곰이 생각해보니 그의 말에도 일리가 있었다. 게다가 힐튼의 경영 능력을 늘 존경했던 터라 조만간 그가 돈을 갚을 수 있다고 믿었기 때문에 그의 요청을 수락했다.

보통 사람들 눈에는 힐튼의 사례가 완전히 불가능한 것처럼 보일 수 있다. 자신에게 땅을 판 사람의 주머니에서 다시 돈을 꺼내게 해서 호텔을 짓는 것도 모자라, 완공된 호텔을 살 때도 돈을 지급하는 것이 아니라 나중에 영업 이익이 생기면 그때 갚는다니 말이다. 하지만 힐튼은 그 일을 해냈다.

힐튼은 보통 사람들이 생각하기 어려운 방법을 어떻게 생각해냈을까? 그것은 바로 그가 시스템적인 지혜를 교묘하게 사용한 데서 찾을 수 있다. 그중 가장 기본이 되는 것은 상대방을 단순히 부지 매매와 관계된 대상으로만 본 것이 아니라 손해도 이익도 함께 본다는 공동 운명으로 묶인 유기적인 시스템으로 간주했다는 것이다.

'1+1〉2'가 된다는 점을 배워라

'1+1〉2'는 체계적인 정체성과 유기적 관련성에서 비롯된 것이다. 유명한 '전기田忌의 경마' 고사를 살펴보자. 손빈孫臏은 중국 전국 시대 때의 유명한 병법가이다. 제나라 대신 전기는 왕손들과 경마 내기를 즐겼지만 늘 지고 말았는데, 그런 전기에게 손빈이 말했다.

"저에게 기회를 주신다면 대신께서 이 경마에서 꼭 이기도록 돕겠습니다."

경마 시합 때 손빈은 전기에게 상등마를 상대편 중등마와 겨루고 중등마를 상대편 하등마와 겨루며 하등마를 상대편 상등마와 겨루게 하라고 조언했다. 결국 3판 2선승 경기에서 전기는 두 차례의 승리를 먼저 거두었다.

손빈이 전기에게 승리를 안겨줄 수 있었던 이유는 그가 경마 시합을 유심히 살펴본 후 체계적인 사고를 이끌어냈기 때문이다. 하등마로 상대방의 상등마와 시합한다면 지는 게 당연했지만 나머지 두 판에서는 오히려 승리를 이끌었다. 이것이 곧 '1+1>2'의 기적을 창조한 것이 아닐까?

스스로 시스템을 해결하는 방법을 교묘하게 운용하라

시스템적 사고의 최고 경지는 '스스로 시스템을 해결'하는 것이다. 즉 문제의 요소들 간의 강한 연관성과 상호 작용을 통해 저절로 문제가 해결될 수 있도록 하는 것이다. 다음에 제시하는 사례를 통해서 살펴보자.

어느 지역의 일부 공장에서 폐수를 방류하여 하천 오염이 심각해졌다. 관련 당국이 벌금 등 다양한 조치를 취했지만 여전히 문제를 근본적으로 해결하지 못했다. '어떻게 하면 공장에서 생산을 계속하면서도 하천 오염을 막을 수 있을까?' 드 보노는 이 문제에 관해 다음과 같은 해결책을 제시했다.

"모든 공장이 폐수 방출구보다 아래에 위치하도록 법률로 제정하시오."

이는 상식적으로 생각할 수 없는 방법이다. 그러나 이 방법은 확실히 공장에서 자발적으로 폐수를 정화하도록 만드는 효과가 있었다. 자신이 방출한 폐수에 자신이 가장 먼저 피해를 입게 되는데, 과연 정화 시설을 설치하지 않을 공장이 어디 있겠는가.

STORY 7

가감의 방법으로
문제를 해결하라

••• 우주 만물 사이의 모든 이치는 하나가 더해지고 하나가 빠지는 것처럼 매우 단순하다. 가감법은 사물 요소의 수량을 더하고 빼는 사유 방식이다. 이처럼 간단해 보이는 방법이지만 나라를 다스리거나 발명품을 만들거나 기업을 경영하는 데는 물론 생활 속의 난제를 해결하는 데 있어서도 큰 역할을 한다.

문제를 해결하는 방식을 논할 때, 대다수 사람들은 뭔가 심오하고 고상한 방법을 찾는다. 하지만 지금 여기서는 사물 요소의 수량을 더하고 빼는 가장 간단한 문제 해결 방식인 '가감법'을 설명하고자 한다.

난화이진南懷謹 선생은 『역경잡설』에서 다음과 같이 말했다.

"우주 만물 사이의 모든 이치는 하나가 더해지고 하나가 빠지는 것처럼 매우 단순하다."

가감의 원리는 바로 만물이 지닌 보편성이기 때문에 이를 응용하는 것이 가장 보편적이고 간편한 방법이다. 덧셈이란 부족한 것을 채우는 것이다. 때로 약간의 사물을 더하여 성공적인 '변수'를 이끌어내기도 한다. 관용을 더하면 번뇌를 덜 수 있고, 학문을 더하면 무지함을 줄일 수 있고, 위엄을 더하면 멸시를 줄일 수 있고, 덕행을 더하면 질시와 계산을 줄일 수 있다.

덧셈을 잘 활용하라

10여 년 전 내가 기자로 재직할 때, 덧셈을 잘 활용하여 문제를 해결한 경험이 있다. 당시에 전국적으로 "모든 상점에서 모조품을 몰아내자"는 운동이 활발하게 전개되고 있을 때였다. 한 상점의 주인 역시 이 운동을 매우 적극적으로 지지하면서, 만약 자신의 가게에서 모조품이 발견된다면 1만 위안의 배상금을 지급하겠다고 밝혔다. 그는 이를 통해 장사가 잘되길 바랐지만 유감스럽게도 그가 원하는 만큼의 효과를 전혀 달성하지 못했다.

취재를 나왔던 나는 우연히 그 상점 주인을 만나게 되었다. 그의 하소연을 들은 후 나는 한 가지 방법을 알려 줬다. 상점 입구에 '1만 위안을 드립니다!'라는 현수막을 걸라고 조언한 것이다.

1만 위안은 당시로서는 매우 큰 금액이었다. 많은 사람들이 이곳을 지나가다가 그 현수막을 보고는 궁금한 나머지 가게 안으로 들어왔다. 가게에 들어온 후 사람들은 비로소 궁금증을 해결할 수 있었다. 상점 안에는 더욱 상세한 고지가 붙어 있었기 때문이다.

"우리 상점의 상품 중 모조품이 하나라도 발견된다면 1만 위안의 배상금을 드립니다."

이 상점을 찾는 손님들이 갈수록 늘어났다. 입소문이 널리 퍼져 상점 내의 상품들이 불티나게 팔렸다. 이는 가게 앞에 고작 현수막 하나 건 것에 불과했지만 효과는 정말 상상 이상이었다.

일본에서 개장한 어느 백화점이 한동안 장사가 잘 되지 않았다. 이에 사장은 심사숙고 끝에 기발한 아이디어를 생각해냈다. 전 직원에게 시내에 있는 식당에서 밥을 먹으면서 어느 식당의 카레라이스가 가장 맛있는지 조사하라고 지시했다.

조사 결과가 나오자 백화점 측에서는 카레라이스가 가장 맛있는 식당을 찾아가 백화점 안에 입점해달라고 요청했다. 또한 카레라이스의 가격을 40% 낮추고, 대신 그만큼의 비용을 백화점에서 모두 부담하겠다고 말했다.

그 식당이 입점한 이후에 이 백화점의 카레라이스가 싸고 맛있다는 소문이 며칠 만에 시내 전체에 다 퍼졌다. 백화점은 순식간에 고객들로 넘쳐났으며, 식당을 찾은 고객들이 백화점에서 물건도 구입했기 때문에 백화점의 매출도 수직 상승했다.

뺄셈을 잘 활용하라

이제는 뺄셈에 대해 알아보도록 하자. 뺄셈이란 '장애물이나 성공을 방해하는 것을 없애는 것'을 가리킨다.

양군이 대치할 때 상대편의 병력을 제거하여 자신의 역량을 강화시키는 것이 뺄셈이요, 친구와 오해가 빚어졌을 때 방법을 강구해 오해를 말끔히 푸는 것이 뺄셈이다. 불필요한 걱정과 번뇌를 제거하여 삶을 편안하게 만드는 것도 뺄셈이다.

또한 뺄셈은 절약이기도 하다. 델Dell 컴퓨터의 직판 모델은 유통의 중간 단계를 제거함으로써 원가를 크게 절감했을 뿐만 아니라 차별화된 서비스를 통해 고객의 요구에 한층 더 부합함으로써 시장에서의 경쟁력을 강화할 수 있었다.

창고 판매는 판매 방식의 혁명으로 불린다. 이 방법 역시 뺄셈을 잘 활용한 예이다. 상점들은 보통 인테리어를 아름답게 꾸미는 데 신경을 쓰지만 모든 소비자가 이를 원하는 것은 아니다. 오히려 수많은 소비자들은 상품의 가격과 품질을 더 중시한다. 창고 판매는 멋진 인테리어를 과감히 포기하고 상품 가격에 초점을 맞춤으로써 큰 성공을 거둘 수 있었다.

뺄셈의 또 다른 큰 효과는 바로 발명과 창조의 과정에서 '불가능'을 없앴다는 것이다. 과학 연구의 수많은 성과들은 연구 결과를 하나하나씩 제거하는 방식을 통한 각종 불가능의 길을 제거하는 과정에서 마지막까지 남아있는 유일한 '가능성'들이다.

1816년 세계 최초로 사진기가 발명됐다. 10년 후 어떤 사람이 자신이 발견한 감광 재료를 이용해 처음으로 영구적으로 보존 가능한 사진을 찍었다.

그러나 사진을 찍을 때마다 그 감광 재료를 햇빛에 꼬박 8시간을 노출시켜야 했기 때문에 그다지 실용적이지는 못했다. 그래서 많은 사람들이 사진술의 비밀을 풀기 위해 뛰어들었다. 프랑스의 예술가이자 풍경화가인 다게르Louis Jacques Mandé Daguerre로 그중 한 명이었다.

하루는 다게르가 아무 생각 없이 열쇠를 요오드로 약품 처리된 금속 판 위에 올려놓았는데, 뜻밖에도 열쇠 모양이 판 위에 그대로 남아 있었다. 그는 새로운 감광 재료를 발견하고 크게 기뻐하며 전문적인 실험을 거쳐 마침내 모형을 그대로 본뜰 수 있었다. 그러나 감광한 후 만든 영상이 너무 얇아 육안으로는 거의 보기 어려웠다.

그러던 어느 날 그가 약품 상자에서 약품을 찾다가 빛에 노출된 폐필름이 놀랍게도 매우 선명한 것을 발견했다.

'도대체 약품 상자 안의 어떤 약이 이런 효과를 나타낸 것일까?'

그는 다음날부터 상자 안에 있던 모든 약병에 필름을 담가보았다. 그렇게 하면 필름을 선명하게 만든 약품을 찾을 수 있다고 생각했다.

하지만 이상하게도 약품에 필름을 넣어봤지만 아무 반응도 일어나지 않았다. 다게르는 백방으로 생각해 봐도 수수께끼를 풀 수 없었다. 그래서 그는 다시 상자 안을 꼼꼼히 살펴보았지만 바닥에 있는 약간의 수은 외에는 아무것도 없었다. '설마 수은이 이런 작용을 일으킨 것일까?' 다게르는 바로 실험에 들어가 마침내 답안을 찾아냈다. 바로 수은이 증발하면서 필름을 선명하게 만든 것이었다. 이렇게 해서 다게르는 오늘날의

'사진'을 발명해낼 수 있었다.

덧셈과 뺄셈을 함께 활용하라

덧셈과 뺄셈만으로 문제를 해결할 수 없을 때, 이 두 가지를 함께 활용할 필요가 있다.

한나라 고조高祖 때, 유씨 성을 가진 자들에게 땅을 나누어주고 제후로 봉하자 중앙의 권위가 갈수록 쇠약해져갔다. 이후 제위에 오른 황제들이 모든 방법을 동원해 이 문제를 해결하고자 했다. 문제는 제후들에게 '추은제후의 자제들에게까지 땅을 나누어주는 것'이라는 덧셈법을 실행하여 '덕'으로 천하의 백성들을 복종하게 만들었으나 제후들의 세력은 날로 강대해졌고 심지어 일부 제후들은 조정과 맞먹는 세력을 지니게 되었다.

경제景帝는 조조의 건의를 받아들여 오직 제후들의 땅을 빼앗는 뺄셈법을 시행했다. 그러나 이로 인해 '칠국七國의 난'이 일어났고 경제는 문제를 해결하지 못했을 뿐 아니라 조조는 칠국 제후들이 내세운 '청군측제왕 주변의 간신들을 척결한다'이라는 명목 아래 죽임을 당했다.

앞선 황제들과 달리 무제武帝는 모사 주보언의 건의를 채용해 이 문제를 완벽히 해결했다. 그것은 바로 '추은'과 '세력 분산'을 혼용하는 것이었다. 추은을 통해서 제후들에게 베푸는 은혜가 자손들에게까지 미치도록 했다. 제후들에게는 보통 10명의 자제가 있었는데, 그들을 모두 왕후로 봉하여 황제의 은총을 입게 해 주었다. 그러나 세력 분산이 시행된 이후 제후들은 땅이 여러 개로 나뉘어져 세력이 분산돼 함부로 군사를 움직일 수 없었다. 세력 분산이란 중앙에서 새로 책봉된 왕후에게 한 치의 땅도 나눠 주지 않고 이를 모두 제후들의 땅에서 충당하는 것을 일컫는다. 한 무제는 여러 대에 걸쳐 곤욕스러워 했던 문제를 쉽게 해결했다.

당시의 형세로만 보자면 단순히 덧셈법이나 뺄셈법 중 하나만 사용할 경우 일을 그르칠 확률이 높았다. 만약 한 무제가 오로지 추은만 시행한다면 제후들의 세력이 갈수록 막강해져 중앙 정권을 위협할 수 있었다. 반대로 세력을 분산시키는 데만 힘을 쏟는다면 제후들의 불만을 키우게 되고 결국 이들이 연합하여 조정에 대항했을 것이다. 유일한 방법은 두 가지를 병용하여 한편으로는 그들에게 이익을 떼어주고 다른 한편으로 소리 소문 없이 그들의 세력을 약화시키는 것이다. 이런 이치를 분명히 깨달은 한 무제는 덧셈법과 뺄셈법을 같이 사용하여 알맞은 해법을 찾을 수 있었다.

문무의 도는 한 번 떨쳤으면 한 번 움츠리는 것이고, 치국의 도는 은혜와 위엄을 동시에 베푸는 것이다. 이것이야말로 덧셈과 뺄셈을 잘 융합하여 운용하는 방법이다.

STORY 8

'W형 사고법'으로 문제를 해결하라

••• 어려움과 문제에 봉착했을 때는 목적을 달성하지 못하면 그만두지 않겠다는 백절불굴의 의지를 가져야 한다. 그러나 난제를 해결하는 구체적인 과정은 오로지 앞만 보고 달려가다가 벽에 부딪혀도 뒤를 돌아볼 줄 모르는 것이 결코 아니다. 때로는 후퇴를 더 강조해야 할 경우가 있다. 나아가고 물러서는 걸 자유자재로 구사해야만 비로소 완벽한 지혜라 할 수 있다. 2보 전진을 위해 1보 후퇴는 반드시 필요하다.

'W형 사고법'은 바로 '후퇴를 전진으로 삼는' 방법이다. 이는 상대방에게 부당한 대접을 받는 경우에 주로 사용된다. 그러나 재미있는 것은 이를 받아들이고 차근차근 분석해 보면 그 안에 상대방을 물리칠 좋은 방법이 숨어 있다는 사실이다.

어려움과 문제에 봉착했을 때는 목적을 달성하지 못하면 그만두지 않겠다는 백절불굴의 의지를 가져야 한다. 이는 매우 바람직한 정신 자세이다.

그러나 난제를 해결하는 과정에서는 오로지 앞만 보고 달려가다가 벽에 부딪혔을 때, 뒤를 돌아볼 줄도 알아야 한다. 때로는 후퇴를 더 강조해야 할 경우가 있다. 나아가고 물러서는 걸 자유자재로 구사해야만 비로소 완벽한 지혜라 할 수 있다.

나는 "문제 해결은 결코 어렵지 않다 - 고효율적으로 문제를 해결하는 10가지 지혜"라는 강의에서 '후퇴를 전진으로 삼는' 사고를 'W형 사고법'이라고 정의했다.

'W'의 형태는 이런 사고의 특징을 무엇보다 형상적으로 가장 잘 표현하고 있다. 가운데 지점은 온갖 고생을 겪은 후 비로소 도달한 새로운 기점 혹은 노력을 통해 얻은 부분적인 성공쯤으로 간주할 수 있다. 그러나 맨 오른쪽의 정점에 도달하기 위해서는 다시 밑바닥을 향해 곤두박질치는 순탄치 못한 길을 걸은 후에야 비로소 서서히 올라갈 수 있다.

먼저 상대방의 말에 긍정하라

후胡라는 여성은 한 외국계 보험사의 고문이었다. 보험업은 매우 도전적인 직업이다. 지금도 일부 사람들은 '보험'이라는 두 글자만 들으면 거부감을 드러내며 심지어 자리를 피하려고 한다. 그러나 후는 다른 사람들의 이런 거부감을 사라지게 만들었다. 과연 그녀는 어떤 재주를 가졌던 것일까?

하루는 한 친구가 그녀에게 기업 총수 한 명을 소개했다. 일반적인 상황이라면 친구가 정말 최고의 고객을 소개해 준 것이나 다름없었다.

기업 총수가 그녀를 만나자고 하자 후는 한걸음에 달려갔다. 그런데 기업 총수는 그녀를 보자마자 다짜고짜 기선 제압에 들어갔다.

"당신처럼 젊고 아름답고 학력도 높은 사람이 어째서 보험 따위 일이나 하고 있는 것이오? 난 보험이 좋은 것인지 도통 모르겠소. 난 지금까지 보험을 한 번도 든 적이 없었으니까."

무방비 상태에서 제대로 한방 먹은 후는 곧 냉정을 되찾고 사태 파악에 들어갔다.

'이 사람이 나를 보자고 한 이유는 다른 게 아니라 친구 얼굴 때문에 어쩔 수 없었던 거야. 절대 보험을 들 사람이 아니군.'

그렇다면 심한 냉대를 받았다고 발걸음을 돌려야 할까? 하지만 그녀는 최악의 상황이라고 해서 절대 물러설 사람이 아니었다. 여기서는 최대한 머리를 써서 적당히 후퇴하는 것이 필요했다. 그녀는 마음을 가라앉힌 후 미소를 지으며 기업 총수에게 대답했다.

"사장님 말씀이 맞습니다. 제 마음속을 훤히 꿰뚫고 계시군요."

이 말에 기업 총수는 흠칫했다.

'분명히 보험에 들지 않겠다고 거절했는데 대체 뭐가 맞는다는 거야?'

그녀가 틈을 주지 않고 계속 말했다.

"사장님 말씀이 정말 맞습니다. 저는 젊고 못생긴 편도 아니며 또 학력도 높은데, 왜 보험업에 뛰어들었을까요? 사실은 친구가 이 직업을 소개했고, 어느 정도 시간이 지나자 이 일을 계속해야 하는지 갈등하게 되었습니다. 기왕 사장님께서 보험업이 뭐가 좋으냐고 말씀하셨으니, 어떤 점이 안 좋은지 조목조목 짚어 주시면 제가 이 일을 계속할지 그만둘지 판단하는 데 도움이 될 것입니다."

그러고는 노트 한 권을 꺼내 기록할 준비를 했다.

그녀가 이렇게 심각하게 나오자 기업 총수는 분위기에 휩쓸려 보험의 단점들을 얘기하기 시작했다. 네 가지를 얘기하고 나니 더 이상 할 말이 없었다. 게다가 아리따운 여성에게 면박을 주는 것도 너무 지나치다는 생각이 들었다.

"물론 보험이 꼭 나쁘다는 것은 아닙니다. 좋은 점도 분명 있을 겁니다."

후가 기다리던 말이었다. 그녀는 이 기회를 놓치지 않았다.

"사장님은 경제에 밝으실 겁니다. 보험의 좋은 점에 대해서도 분명 아실 거라고 믿습니다."

그러자 이 기업 총수는 보험의 좋은 점을 늘어놓기 시작했고, 후는 옆에서 맞장구를 쳐주었다. 그는 자기도 모르게 얘기할수록 기분이 좋아졌고 보험의 장점도 꽤 많다는 것을 다시금 생각하게 되었다.

분위기가 무르익자 후가 웃으면서 말했다.

"사장님의 조언 감사합니다. 지금 사장님께서는 보험의 장점 일곱 가지와 단점 네 가지를 얘기하셨습니다. 제가 이 직업을 선택해야 할지 말아야 할지 말씀해 주십시오."

기업 총수는 그 말을 듣고 잠깐 멍해지더니 소리 내 웃으며 말했다.

"좋소. 난 원래 보험에 대해 매우 부정적인 생각을 가졌소. 그런데 당신 이야기를 나누면서 보험을 들기로 결심했소. 보험 설계를 어떻게 하면 좋을지 좀 도와주지 않겠소?"

이렇게 해서 후는 보험업에 종사한 이래 가장 최대의 계약을 따낼 수 있었다. 후의 사례는 W형 사고법의 운용 방법의 주의점을 잘 보여주고 있다.

"고객을 상대할 때는 가장 먼저 고객과 절대 충돌해서는 안 된다. 언제나 먼저 '옳다'는 말을 고객에게 전해야 한다. 내 입장에서는 마케팅 정도겠지만 상대편으로서는 강한 우월감을 가지게 만든다. 이것이 바로 'W형 사고법'이 지닌 매력이다."

W형 사고법은 후퇴를 전진으로 삼으라고 강조한다. 물러설 줄 알아야만 더 멀리 전진할 수 있다.

아무리 어려워도 물러서서 다른 대책을 강구하라

세상을 살다 보면 앞에서 소개한 후보다 더 곤란한 일을 당하는 경우가 많다. 우리는 간혹 '어떻게 해도 받아들여지지 않는' 상황에 직면하곤 한다. 나에게는 합당한 이유가 있는데 아무도 받아들이질 않는다. 천 가지 이유를 들어 설명해도 다른 사람들은 눈 하나 꿈쩍하지 않는다. 이럴 때 당신이라면 어떻게 하겠는가?

멀리서 찾을 것 없이 셰익스피어William Shakespeare의 명작 「베니스의 상인」을 보자. 주인공 안토니오는 친구의 부탁으로 고리대금업자인 샤일록에게 자신의 배를 담보로 돈을 빌리게 되는데, 이때 샤일록은 그에게 돈을 갚지 못하면 그의 살 1파운드를 내놓으라는 가혹한 조건을 내걸었다. 그러던 중 안토니오의 배에 문제가 생겨 제때 돈을 갚을 수 없게 되자, 샤일록은 조건대로 안토니오의 살 1파운드를 떼어내려 했다. 안토니오와 그의 친구들은 온갖 방법을 동원해 샤일록에게 용서와 동정을 구했지만 샤일록은 여전히 요지부동이었다. 안토니오와 친구들은 새로운 타협안을 제시했지만 샤일록은 이를 받아들이지 않았다. 그들은 샤일록의 협박을 물리치려면 다른 해법을 찾아야만 했다.

'샤일록의 가혹한 조건을 받아들이면서도 그에게 반격을 가할 수는 없을까?'

이때 안토니오가 도와준 친구의 아내인 포샤가 기발한 생각을 냈다. 그녀는 법정에서 샤일록과 대질할 때 안토니오가 돈을 갚지 못하면 그의 살 1파운드를 떼어낸다는 조건에 동의했다. 단 조건이 하나 있었다. 1파운드에서 조금이라도 많거나 또는 적게 떼어 내서는 안 되며, 한 방울의 피도 흘려서는 안 된다는 것이었다. 그녀의 조건에 샤일록은 말문이 막혀 자신의 패배를 인정할 수밖에 없었다.

포샤의 문제 해결 방법이야말로 W형 사고법의 멋진 활용 사례라고 할 수 있다.

일반적인 문제 해결 방법은 샤일록과 직접 맞부딪쳐서 그의 관용과 양해를 얻어내거나 혹은 그의 약점을 찾아내 타협점을 찾는 것이다. 하지만 이런 것들로는 원하는 결과를 얻어 내지 못했다. 반면 W형 사고는 먼저 그의 부당한 조건을 받아들이는 것에 시작한다. 물론 이것은 가장 어려운 일이다. 그러나 주목할 것은 그런 조건을 받아들이고 이를 분석하다 보면 그 안에 상대방을 이길 수 있는 최고의 방법이 숨어 있다는 것이다.

'살 1파운드를 잘라 낸다고? 좋아, 잘라 내라고! 하지만 신이 아닌 이상 어떻게 정확히 무게를 맞히고 피 한 방울 내지 않을 수 있겠어?'

우리는 지금 W형 사고법에서 가장 중요한 것을 배웠다. 우선 아무리 해도 받아들여지지 않는 상황을 인정하고 난 후에 상대방의 말이나 처한 상황 속에서 문제를 해결할 방법을 찾아라.

과감하게 버리고 손해를 감수하라

앞에서 서술한 W형 사고법의 최대 난점은 부분적인 성공을 눈앞에 두었거나 혹은 이미 거두었을 때 자발적으로 한 발 물러서기 어렵다는 것이다. 그러나 이를 실천할 수 있는지의 여부가 전체적인 성공 여부를 결정한다. 아무리 복잡한 상황에 놓이더라도, 또 버리기 아까운 기회를 만나더라도 냉정하게 고개를 돌리고 놓을 줄 알아야 한다. 자신의 욕망을 억제하고 곰곰이 대책을 강구한다면 지금의 후퇴가 문제를 해결하는 가장 좋은 최선책이 될 수 있다.

진융金庸의 무협지 『천룡팔부』에는 '영롱기국玲瓏碁局'이라는 유명한 이야기가 나온다. 소요자逍遙子의 대제자인 벙어리 노인은 스승의 명을 받들어 영롱기국을 펼쳐 놓고 천하의 고수들에게 이를 깨뜨릴 수 있는 방법을 찾게 했다. 많은 고수들이 운집했지만 아무도 이를 풀지 못했다.

이때 바둑을 전혀 모르던 소림승 허죽虛竹이 바둑돌을 들어 놓자 그만 자신의 대마가 몰살하고 말았다. 고수들 입에서는 장탄식이 터져 나왔다. 그런데 바둑돌이 놓인 후 국면이 갑자기 환하게 열리더니 묘수가 연속해서 놓여 뜻밖에 승리를 거두었다. 허죽은 이 승리로 마침내 소요파의 정식 전인이 되어 소요자의 수십 년 내공을 얻었다.

이는 비록 소설이지만 바둑을 푼 것과 관련된 이야기는 매우 적절하게 W형 사고법을 설명하고 있다.

첫째, 문제를 풀기 위해 모인 이들은 전부 한 분야의 고수들이었다. 그러나 이런 장점이 오히려 약점으로 변했다.

대리국大理國 왕자인 단예段譽는 정이 많은 공자로, 바둑판에서 매 수를 정교하게 구사했지만 돌이 아까워 버리지 못했다. 후연국後燕國의 황손인 모용복慕容復은 오직 나라를 다시 일으킬 생각으로 과감하게 세력을 취하고 돌을 버렸지만 때로는 돌을 버리지 말아야 함에도 돌을 버림으로써 결국 실패로 돌아가고 말았다. 이는 수십 년 동안 세상의 풍파를 겪으면서 형성된 고정관념 때문에 눈앞의 문제를 풀지 못했음을 설명하고 있다.

둘째, 물론 바둑에 '후절수바둑에서 상대편이 먼저 자기 돌을 잡게 하고 상대편이 따낸 그 자리를 끊어 다시 상대편 돌을 잡는 수'라는 묘수가 있긴 하지만, 보통 돌을 버리는 경우는 많지 않다. 특히 허죽처럼 한 수에 대마를 죽이는 경우는 거의 볼 수 없다. 그러므로 이런 버림은 일반적인 버림이 아니라 작은 것을 희생하고 전체를 보전하는 위대한 버림이라고 할 수 있다.

결론적으로 말하면 W형 사고법을 잘 활용하는 방법은 다음과 같다.

첫째, 과감하게 고정관념에서 탈피해야 한다. 당신이 자부심이라고 느끼는 심리적 장점을 경계해야만 한다. 그것이 당신에게 치명적인 약점이 될 수 있다. 둘째, 과감하게 손해를 감수해야 한다. 설마 궁지에 몰렸다고 빠져나갈 구멍이 없겠는가.

STORY 9

좀 더 단순한 방법으로
문제를 해결하라

••• 문제를 단순화시키는 것은 지혜로운 방법이다. 많다고 꼭 좋은 것은 아니다. 적당할 때가 가장 좋다. 사람들은 때때로 단순하게 생각하지 못하고 문제를 너무 복잡하게 풀려고 매달린다. 본질과 무관한 정보는 사전에 잘라 버리고, 근본이 되는 것을 꽉 움켜쥐며, 가장 간략한 형식으로 문제에 대처하는 방법을 배워라. 입론立論의 전제를 반문해야만 자승자박에서 벗어날 수 있다.

당신이 명문 대학의 우수한 학생이라 매우 운 좋게 유명한 과학자의 실험 조수로 발탁되었다고 가정해 보자. 어느 날 그 과학자가 실험을 하고 있었는데 손을 쓸 수 없을 정도로 바빠서 당신에게 도움을 요청했다. 그는 유리 전구를 들고 와서 당신에게 말했다.

"내가 지금 너무 바빠서 그러니, 이 전구의 용적을 계산해 줄 수 있겠나?"

이는 매우 간단한 일처럼 보인다. 하지만 전구가 사각형이나 원형이 아니라 배 모양이라서 용적을 계산하기가 그리 쉽지 않았다.

전구를 받아든 당신은 대학에서 배운 관련 지식을 총동원하여 이리저리 재고 종이에 끊임없이 계산을 적어 나갈 것이다. 만약 이렇게 한다면 당신은 지식을 활용할 줄 아는 학생은 되겠지만, 매우 유감스럽게도 효율적으로 일을 처리할 줄 아는 사람은 절대 될 수 없다.

위의 이야기는 세계적인 발명왕 에디슨의 실험실에서 실제 일어난 일이다. 에디슨은 명문대 출신의 우등생인 앱튼이라는 조수를 두었다. 가문을 매우 중시하던 앱튼은 어려서부터 신문을 팔며 생계를 유지하면서도 자수성가한 에디슨을 매우 마뜩잖게 생각했다.

하루는 에디슨이 앱튼에게 배 모양의 전구 용적을 계산해달라고 주문했다. 앱튼은 몇 시간 동안 자로 열심히 재고 계산했지만 아무리 낑낑대도 답을 구하지 못하고 있었다.

실험실로 돌아온 에디슨이 책상 위에 종이를 가득 쌓아놓은 앱튼을 보고 금방 사태를 파악했다. 그는 곧 유리 전구에 물을 가득 채우고 앱튼에게 건네며 말했다.

"유리 전구에 담긴 물을 계량컵에 부으면 우리가 찾으려는 답을 구할 수 있을 것이네."

'아, 알고 보니 이렇게 간단한 거였구나!' 앱튼은 그제야 크게 깨달았다. 이 사건 이후로 그는 에디슨을 깊이 존경했다.

어떤 일이든 '좀 더 간단한 방법'이 없는지 연구하라

많은 사람들이 무의식중에 사유 방법은 복잡해야 한다고 인식한다. 그래서 문제를 복잡하게 여기게 되고, 그 문제를 해결하는 방식도 더욱 복잡해진다. 심지어 '사소한 문제'에 끝까지 매달리다가 아무런 소득도 얻지 못한다. 문제를 단순화하는 법을 익히는 것이야말로 진정한 지혜의 발현이라 볼 수 있다.

중국에서는 단순함의 지혜를 특히 중시했다. 모든 경전의 으뜸으로 추앙받는 『주역』의 '역易'에는 세 가지 의미가 담겨 있다. 첫째는 변화, 둘째는 불변, 셋째는 간단하고 쉬움이다. 『주역』의 괘는 모두 '—'와 '- -'로 이루어져 지극히 간단하면서도 변화가 무궁하다.

어떤 경우에는 단순한 방법이 문제를 해결하는 가장 좋은 방법이 되기도 한다.

중국 건국 초기 모 대학 연구실에서 연구원들이 기계 한 대의 내부 구조를 밝히기 위해 애를 쓰고 있었다. 이 기계 안에는 100개의 굽은 관으로 이루어진 밀봉된 부분이 있었다. 내부 구조를 밝히려면 굽은 관이 이어진 부분에 적힌 숫자를 명확히 알아야 했지만 당시에는 이와 관련된 어떤 조립도 찾을 수 없었다. 이는 분명 매우 난처하고 성가신 문제였다. 연구원들이 머리를 맞대고 이리저리 고민을 하다가 계측기까지 동원했지만 헛수고였다.

그러던 어느 날 학교에서 일하는 한 정원사가 간단한 방법을 알려 주었고, 연구원들은 그 문제를 손쉽게 해결했다.

정원사가 사용한 도구는 고작 분필 두 개와 담배 몇 개비였다. 그가 사용한 방법은 담배에 불을 붙여 한 모금 깊이 들이마신 다음 관을 향해 연기를 내뿜는 것이었다. 연기를 내뿜자 관 입구에 '1'이라고 쓰인 숫자가 선명히 나타났다. 이때 관 맞은편에 서 있던 연구원이 담배 연기로 드러난 숫자를 재빨리 받아 적었다. 다른 관들도 모두 이런 방식으로 숫자를 알아냈다. 이렇게 100개의 굽은 관에 적힌 숫자를 알아내는 데 채 두 시간도 걸리지 않았다.

연구원들도 해결하지 못한 문제를 교육 수준도 낮은 정원사가 어떻게 해결할 수 있었을까? 그것은 정원사의 머리가 학자들보다 좋아서가 아니었다.

연구원들은 사유의 속박에서 벗어나지 못했지만 반면에 정원사는 그 문제를 아주 단순하게 생각했기 때문이다.

많은 것이 좋은 게 아니라 적당한 것이 가장 좋다

우리는 종종 더 많이 일할수록 얻는 게 많고 생각이 많을수록 깊이가 있으며 글을 많이 쓸수록 재능이 있다고 여긴다. 과연 그럴까?

미국이 독립하기 전 제퍼슨Thomas Jefferson은 프랭클린Benjamin Franklin을 제치고 독립 선언서 초안 작성자로 추천을 받았다. 문장력이 뛰어난 제퍼슨은 다른 사람이 자기 글에 토 다는 것을 극히 싫어했다. 그가 완성된 선언서 초안을 위원회에 넘기고 한참을 기다렸으나 이후 아무런 소식도 없었다. 그는 마음이 매우 조급해졌다. 이때 프랭클린이 제퍼슨에게 이야기 하나를 들려주었다.

　모자 가게를 열기로 결정한 한 청년이 '요한 모자 가게, 각종 예모 제작 및 현금 판매'라는 간판을 만든 후 친구들을 만나 의견을 물었다.

　한 친구는 '모자 가게'와 '각종 예모 판매'가 뜻이 중복된다며 둘 중 하나를 삭제하라고 말했다. 또 다른 두 친구는 '제작'과 '현금'을 빼라고 말했고, 마지막 친구는 '요한'이라는 글자 외에는 모두 지워 버리라고 말했다.

　청년은 친구들의 의견을 듣고 '요한'이라는 글자를 제외하고 모두 삭제했고, 대신 글자 밑에 세련된 예모 하나를 그렸다. 가게가 개장한 후 사람들은 매우 참신한 간판이라며 칭찬을 아끼지 않았다.

　이 이야기를 들은 제퍼슨은 금세 마음의 안정을 되찾았다. 훗날 발표된 독립 선언서는 주옥같은 글귀로 이루어져 세상을 깜짝 놀라게 한 유명한 글로 후세에 전해지고 있다.

　왜 간단할수록 좋은 것일까?

　첫째, '능률'을 고려해야만 한다. 매우 단순한 방식으로 문제를 해결할 수 있는데 굳이 번잡스럽게 할 이유는 없다.

　둘째, 문제는 군더더기 없는 방법으로 종합하고 처리해야만 요점을 정확히 찾아낼 수 있다.

본질과 무관한 정보는 과감히 잘라내라

　간혹 문제가 쉽게 해결되지 않는 이유를 살펴보면 정보가 부족해서가 아니라 오히려 화수분처럼 넘치기 때문이다. 이런 상황이 벌어지게 된 이유를 살펴보면 첫째, 부가 정보가 주된 정보를 뒤덮어 주객이 전도되기 때문이다. 둘째, 지엽적이고 부수적인 일에 너무 많은 시간을 소모하기 때문이며 셋째, 지름길을 잘못 들거나 심지어 반대 방향으로 걸어가기 때문이다.

'생략법'은 뺄셈법으로 '배제법'이나 '제거법'과 유사하다. 이 방법의 가장 유명한 예로 '오컴의 면도날'을 꼽을 수 있다. 철학자인 오컴William of Ockham은 중세시대 때 무의미한 진술들을 토론에서 배제하기로 결심하고, 이를 잘라 내는 면도날을 토론에 도입하자고 주장했었다.

요점을 개괄할 줄 아는 사람이 돼라

'요점을 개괄할 줄 아는 사람'이란 문제의 '핵심'을 잘 짚어 내 가장 간략한 형식으로 문제를 서술하는 사람이다.

아인슈타인은 형식을 간소화하는 것을 과학 연구의 가장 중요한 조건으로 꼽았다. 그는 "과학자는 번잡한 경험과 사실 속에서 정밀한 공식을 통해 드러나는 보편적인 특성을 짚어 내고, 여기서부터 자연계의 보편적인 진리를 탐색해 나가야 한다"고 말했다. 이 형식은 개념이나 공식, 도표, 부호 등이 될 수 있다.

천재들은 항상 간결하지만 생명력이 충만한 표현 방식에 힘입어 문제를 효율적으로 처리하는 데 매우 능하다. 아인슈타인의 유명한 '질량에너지 등가의 법칙$E=mc^2$'은 아주 간단하게 표기되어 있다. 그러나 이 간단한 공식에서 인류는 핵에너지를 개발하고 원자탄도 제조했다.

입론의 전제를 반문하라

간혹 문제가 복잡해지는 이유는 입론立論의 전제에 문제가 있기 때문이다. 아예 성립할 수 없는 전제 아래 제기한 결론이나 방법 혹은 스스로 전제를 세워 자승자박이 되는 경우를 들 수 있다.

알렉산더 대왕이 정복 전쟁을 벌일 때, 한 성문 앞에 수레를 끈으로 꽁꽁 묶은, 이른바 '고르디우스의 매듭'을 발견했다. 성 안에 있는 사람은 "이 매듭을 푸는 자가 아시아의 왕이 될 것이다"라고 외쳤다. 그런데 누구도 이를 풀지 못했다.

알렉산더 대왕은 백방으로 생각하다가 마침내 매듭을 풀 방법을 찾아냈다. 문제는 매듭을 푸는 데 있으니, 푸는 방법은 아무래도 상관없었다. 그는 단칼에 매듭을 잘라 풀어 버리고 아시아의 왕이 되었다. 다른 사람들이 이 문제를 해결하지 못한 원인은 그들 스스로 매듭을 푸는 것은 '줄을 해체하는 것'이라는 전제를 세웠기 때문이다.

명나라 풍몽룡馬夢龍이 지은 『지낭』은 지혜를 연구한 경전이다. 책에서는 '통간通簡'을 제1부의 '상등의 지혜'에 놓았다. 통간 편의 서문에는 "세상에 수많은 일은 사실 용렬한 사람들이 스스로 만들어 낸 것이다. 오직 사리에 밝아야만 일을 복잡한 방식으로 처리하지 않기 때문에 태양에 눈 녹듯이 문제가 저절로 해결된다"라고 쓰여 있다.

STORY 10

문제를 교묘하게
전환하라

••• 우리가 간혹 문제에 부딪혔을 때, 직접적인 방법으로 해결하기 어려운 경우가 있다. 이때 문제를 전환하게 되면 원래 매우 난해했던 문제가 해결하기 쉬운 문제로 바뀌고, 효과도 분명히 달라질 것이다. 문제를 전환하는 공식은 다음과 같다. A라는 문제는 실상 B라는 문제다. A라는 관계는 사실 B라는 관계이다. A라는 문제를 해결하려면 B라는 문제를 해결하라.

우리가 살아가면서 부딪히는 문제들을 직접적인 방법으로 해결하려다 보면 난이도가 어려워지고 심지어 절대 해결하지 못하는 경우도 있다. 그러나 이처럼 어려워 보이는 문제를 재료, 관계, 방식, 초점 등을 통해 전환할 수 있다면, 해결하기 쉬운 문제로 바뀌고 효과도 분명히 달라질 것이다.

A라는 문제는 실상 B라는 문제다. A라는 문제를 해결하려면 B라는 문제를 해결해야 한다. 문제를 전환하는 방법은 다음과 같다.

- **문제 주체의 전환** : 본래는 이 사람의 문제였던 것을 다른 사람의 문제로 전환하라.
- **문제 유형의 전환** : 본래는 이런 유형의 문제였던 것을 다른 유형의 문제로 전환하라.
- **문제 순서의 전환** : 이번 순서의 문제를 다음 혹은 이전 순서의 문제로 전환하라.
- **문제 정황의 전환** : A라는 상황에서 해결할 수 없는 문제를 B라는 상황으로 전환하라.
- **문제 대상의 전환** : 자신의 문제를 다른 사람의 문제로 전환하라.
- **문제 초점의 전환** : 본래 관심을 두었던 초점을 전혀 관심 없는 초점으로 전환하라.
- **문제 방향의 전환** : 본래 이 방향의 문제를 다른 방향 혹은 정반대 방향으로 전환하라.

이들 중 가장 중요한 네 가지를 다뤄보자.

문제 주체의 전환

어떤 설계 사무소에서 한 회사의 사무실 설계를 맡았다. 그런데 갑자기 이 회사에서 각 건물 사이에 왕래가 빈번해 건물 연결 통로가 비과학적이면 시간을 허비할 가능성이 많다며, 가장 과학적이고 시간도 절약할 수 있는 통로를 만들어달라고 요구했다.

설계사들이 이런저런 방안을 내놓았지만 모두 퇴짜를 맞았다. 모두들 방법이 없어 발만 동동 구르고 있을 때, 한 설계사가 묘안을 제출했다.

"지금은 봄이지 않습니까? 건물들 사이의 주요 길에 풀을 심읍시다. 사람들이 가장 많이 다니는 길이 가장 빠르고 편리한 길일 것입니다. 시간에 쫓기다 보면 가장 가까운 길을 선택하는 것이 사람 마음이니까요. 그러면 그곳의 풀밭 위로 가장 깊고 선명한 발자국이 남겠지요. 그 발자국에 따라 설계한 길이 가장 과학적이고 가장 시간을 절약하는 길입니다."

이 방안은 즉각 채택되었고, 사람들의 발자국을 따라 만들어진 길은 큰 호응을 얻었다.

이는 문제를 전환한 전형적인 사례이다. 본래는 설계사의 문제였던 것을 행인의 입장으로 바꾸어 생각했다.

문제 성격의 전환

대상의 성격을 전환한다는 것은 본래는 이런 성질의 것을 다른 성질로 바꾼다는 말이다. 위에서 소개한 이야기도 사실은 문제 성격의 전환을 포함하고 있다. 본래는 설계사가 '머리를 써서' 설계해야 하는 문제를 결국에는 '다리를 쓰는' 행인의 문제로 바꾼 것이니까 말이다.

나는 일찍이 수많은 마케팅 전문가들과 깊이 있는 토론을 진행해 왔다. 그들은 늘 이런 관점을 가지고 있었다. 가장 훌륭한 마케팅이란 '변화'를 잘 활용하는 것이다. 이는 억지로 물건을 파는 것이 아니라 다른 사람의 요구를 이해하고 그것을 만족시키는 것에 있다. 여기서 관건이 되는 점은 스스로 결정을 내리는 것이 아니라 우리가 영향을 미치는 사람들이 스스로 결정을 내리게 만드는 것이 중요하다. 상대방이 결정을 내리도록 하는 방법은 대단히 많다. 예를 들면 구매자들을 자신이 낸 아이디어를 돕는 스승으로 변화시키는 것이 그것이다. 어떤 자동차 세일즈맨은 바로 이런 방법을 통해 큰 성공을 거두었다.

한 부부가 중고차 한 대를 사려고 그의 영업점을 찾아왔다. 그런데 몇 번을 찾아와 이리저리 둘러봐도 마음에 드는 차가 없어서 쉽게 결정을 내리지 못했다. 세일즈맨이 유심히 관찰해 보니 그 부부는 자존심이 매우 강하고 트집 잡기를 좋아했다. 그는 마음속으로 지금의 방법대로 차를 팔면 그들을 만족시키기 어렵다고 생각했다. 그래서 그는 판매 방식을 바꾸었다.

그들이 아무리 트집을 잡아도 전혀 싫은 내색 없이, 도리어 그 부부의 안목이 매우 높다고 칭찬을 늘어놓았다. 차를 사지 않고 그냥 가도 매번 친절하게 문 밖까지 나가 배웅하고, 그들에게 좀 더 많은 조언을 해달라고 진지하게 부탁했다.

며칠 후 조언을 구할 기회가 찾아왔다. 한 고객이 중고차를 팔려고 영업점을 방문했는데, 흥정을 거친 후 500달러라는 저가에 차를 매입했다.

그는 즉시 그 부부에게 전화를 걸어 어떤 사람이 중고차를 팔려고 하는데 가격을 얼마나 받아야 좋을지 모르겠다며 와서 조언을 해달라고 부탁했다. 그 부부는 이 요청에 크게 기뻐하며 한달음에 달려왔다. 그는 그 부부에게 차를 자세히 보여준 다음 말했다.

"몇 번 뵙지 못했지만 두 분의 식견에 항상 탄복하고 있습니다. 두 분은 정말 자동차 박사이십니다. 번거로우시겠지만 이 차를 한 번 봐주십쇼. 얼마를 받아야 적당하겠습니까?"

그 부부는 이런 칭찬을 듣자 놀랍기도 하고 감동까지 받아 차를 꼼꼼히 둘러보고 만져 본 후 이렇게 대답했다.

"차주가 800달러에 내놓는다면 즉시 매입하세요."

세일즈맨은 그들의 안목에 다시금 감사를 표한 후 이렇게 제의했다.

"만약 제가 그 가격에 이 차를 매입한다면 혹시 두 분께서 사실 의향이 있으신지요?"

"당연하죠!"

부인이 즉각 대답했다. 하지만 그녀는 잠시 주저하더니 이렇게 말했다.

"혹시 그 가격에 조금 더 얹어서 파는 것은 아니지요?"

"그건 염려마세요. 두 분께서 기왕 정확히 보셨으니 단돈 800달러에 팔겠습니다."

그 부부는 기쁜 마음으로 그 차를 800달러에 구입했다. 이로써 쌍방 모두 만족한 결과를 얻었다.

이 세일즈맨이야말로 문제를 전환하는 고수라 부를 수 있다. 먼저 그는 대상의 성격을 바꾸었다. 본래는 구매자인 그 부부를 조언을 구하는 스승으로 바꾸었다. 이와 동시에 그는 문제의 성질에도 변화를 가했다. 차를 판매하는 문제를 다른 사람에게 조언을 구하는 문제로 전환했다. 이런 조언 구하기는 상대방의 자존심과 우월감을 세워 상품을 직접 판매하는 것보다 더 나은 효과를 가져왔다.

문제 초점의 전환

문제 초점의 전환이란 원래 관심을 가졌던 초점을 무관심했던 다른 초점으로 전환하는 것이다.

옛날에 어떤 현령이 스트레스가 너무 많이 쌓인 나머지 항상 우울해하고 웃음마저 잃어버렸다. 그는 사방으로 의사를 불러 치료했지만 병세가 조금도 호전되지 않았다. 나중에 그는 명의를 찾아가 진료를 부탁했다. 명의는 그의 병세를 물어보고 맥을 짚어본 후 정색을 하고 말했다.

"이 병은 생리 불순입니다."

명의 말을 들은 현령은 울지도 웃지도 못하고 소매만 떨치더니 나가버렸다. 후에 그는 사람을 만날 때마다 이 해괴망측한 이야기를 들려 주고 배를 잡고 한바탕 웃음을 터뜨렸다.

그런데 얼마 지나지 않아 현령은 자신의 병을 치료하지 않았음에도 이미 다 나은 느낌이 들었다. 순간 그는 크게 깨달은 바가 있어 즉각 명의에게 달려가 감사를 표시했다. 명의가 그에게 말했다.

"현령께서 걸린 병은 우울증입니다. 그 병을 치료하려면 웃음보다 좋은 명약이 없습니다."

초점을 전환하면 설사 마음의 병이라 해도 쉽게 고칠 수 있다.

문제 방향의 전환

문제 방향의 전환이란 원래는 이 방향의 문제를 다른 방향, 심지어 완전히 상반된 방향으로 전환하는 것을 말한다.

내 친구 중에 에밀리 유Emily Yau라는 아가씨가 있는데, 특출 난 성적으로 하버드대학 MBA 과정을 졸업하고 전 세계적으로 유명한 보스턴 컨설팅 그룹에 입사해 수년간 일했다. 최근 그녀는 『하버드 MBA 대단할 것도 없다 - 누구나 하버드 MBA 졸업생의 비즈니스 두뇌를 가질 수 있다』라는 책을 출간했다.

그녀는 이 책에서 중요한 이야기를 다루고 있다.

미국 대통령인 루즈벨트가 재차 경선에 나왔을 때, 사무실에서는 그를 위한 홍보 책자 제작에 들어갔다. 그 책자에는 루즈벨트 대통령의 사진과 홍보 내용을 가득 실려 있었다.

그런데 이 책자를 배포하기 며칠 전, 한 가지 문제점이 발견되었다. 책자에 넣은 사진의 판권이 그들 소유가 아니라 어느 사진관 소유였기 때문에 그들에게는 사용 권한이 없었다. 경선 사무실이 발칵 뒤집혔다. 책자를 다시 인쇄할 시간적 여유가 없었기 때문이다. 만약 이대로 책자를 배포한다면 그 사진관에서 거액의 판권료를 요구할 것이 틀림없었다.

이런 문제 상황에 닥쳤을 때, 대다수의 사람들은 얼른 사람을 사진관으로 보내 최대한 빨리 그리고 낮은 가격으로 협상을 벌일 것이다. 하지만 그의 경선 사무실에서는 전혀 다른 방법을 택했다. 그들은 이 사진관에 다음과 같이 통보했다.

"경선 사무실에서 제작한 홍보 책자에 루즈벨트 대통령의 사진을 넣으려 하는데, 귀 사진관의 사진도 후보에 올랐습니다. 여러 사진관에서 사진을 보내왔기 때문에 우리는 이 홍보 기회를 경매에 붙여 가장 높은 가격을 부르는 사진관에게 사진을 실을 기회를 줄 것입니다. 귀 사진관에서 관심이 있다면 편지를 받고 이틀 내에 경매에 입찰하겠다는 답장을 보내십시오. 그렇지 않으면 사진 경매를 포기하는 것으로 알겠습니다."

마침내 경선 사무실에서는 이틀 안에 이 사진관에서 경매에 입찰하겠다는 답신과 경매 비용인 수표를 받았다. 이로써 경선 사무실은 권리를 침해하는 불리한 위치에서 벗어났을 뿐 아니라 경매 비용이라는 부수입까지 얻었다.

이는 본래 상대방에게 대가를 지불해야 하는 문제를 방향의 전환을 통해 상대방이 자기에게 대가를 지불하도록 만든 교묘한 사례이다. 이처럼 문제의 방향을 전환하면 해결하기 어려운 문제가 술술 풀릴 뿐 아니라 문제를 기회로 바꿀 수 있다.

STORY 11

잔꾀보다는
큰 지혜를 추구하라

••• 스스로 똑똑하다고 자부하는 사람들 가운데 똑똑함이 도리어 일을 그르치는 경우가 많다. 가벼우면 기회를 잃는 데서 그치지만, 심하면 헤아릴 수 없는 손실을 부르게 된다. 그 이유는 그들이 말하는 똑똑함이 종종 자신을 파괴하는 무기가 되기 때문이다. 득실의 변증법을 장악하는 것이야말로 큰 지혜이자 동시에 잔꾀와 구별되는 중요한 점이다. 손해를 보는 것이 오히려 득이다. 교묘한 속임수는 질박한 진실함에 미치지 못한다.

문제를 해결하려면 똑똑함도 필요하지만 더 필요한 것은 바로 큰 지혜이다. 겉으로 똑똑해 보이는 사람들이 오히려 기회를 쉽게 잃는다. 반대로 매우 어리석어 보이는 사람이 도리어 인생을 살아가는 데 필요한 가장 큰 지혜를 가지고 있으며, 이것은 매우 큰 성공을 창조한다.

'득실의 변증법'을 장악하라

천陳 선생이란 분은 내 동료이다. 몇 년 전에 그는 회사를 그만두고 사업에 뛰어들어 교육 기구를 설립했다. 현재 이 기구는 자산이 수억 달러 규모로 발전했다. 얼마 전 그는 자기 학교 선생들과 경영 간부를 대상으로 한 '지혜로 지식을 통솔하라'라는 강좌에 나를 초빙했었다. 강좌가 끝난 후, 그는 토론 주제를 빌려 자신의 새로운 의견을 피력하며 다음과 같은 관점을 제시했다.

"'득실의 변증법'을 장악하는 것이야말로 큰 지혜이자 잔꾀와 구별되는 중요한 점이다."

그는 이를 설명하고자 자신의 창업 역정을 들려주었다.

그는 창업하기 전 막 설립된 한 기업에서 일을 했는데, 사장은 해외파 인사였다. 당시 그 회사는 심각한 자금 부족을 겪고 있어서 그의 연봉은 1만 위안이 채 되지 않았다. 그 당시 그가 산 컴퓨터가 1만 위안을 넘었으니, 그가 받는 돈은 컴퓨터 한 대 값만도 못했다.

회사 사정이 어려워지자 당시 창업 멤버들이 하나둘 떠났다. 그러나 천 선생은 그 회사에 끝까지 남아 있었다. 그는 그 사장이 도와줄 만한 가치가 있다고 여겼으며, 분명 다시 성공할 날이 올 것이라는 확신을 가지고 있었다.

그의 안목이 틀리지 않았는지 사장은 마침내 성공을 거뒀다. 가장 어려울 때 자신을 떠나지 않고 오히려 전심전력을 다해 도와준 천 선생에게 큰 감명을 받은 사장이 이렇게 말했다.

"바라는 게 있다면 말해 보게. 내가 어떻게 도와주면 되겠나?"

줄곧 교육 기구 창설에 뜻이 있던 천 선생은 자신의 생각을 사장에게 털어놓았다. 사장은 시장 상황을 분석해 보고 600만 위안에 달하는 거금을 그에게 선뜻 투자했다. 이를 기점으로 천 선생은 완전히 새로운 창업의 길에 접어들었다.

그의 이야기에 많은 사람들이 감명을 받았다. 이와 동시에 그가 들려준 또 다른 이야기 역시 사람들을 깊이 생각하게 만들었다.

그가 막 창업했을 때 역시나 수많은 난관에 부딪혔다. 그러자 그가 가장 신임하는, 창업 때부터 동고동락했던 직원의 마음이 흔들리기 시작했다. 당시 어느 회사에서 그 직원에게 200위안이라는 많은 월급을 제시하자 그 직원은 곧 회사를 옮겨 버렸다.

어느 정도 시간이 흘러 그 직원은 천 선생의 회사가 급성장하는 모습을 보고 자신을 다시 받아달라고 요청했다. 이에 천 선생은 그의 요청을 수락했다. 그러나 그는 처음 입사 때 함께 회사에 들어온 직원들에 비해 업무 능력이 많이 떨어졌다. 그래서 직급은 물론이고 연봉도 2천여 위안이나 차이가 났다.

위의 두 가지 사례에서 나타나는 두 가지 선택과 그에 따른 두 가지 다른 결말은 무엇을 의미하는가?

누구나 최소한의 투자로 최대의 효과를 얻길 바란다. 그러나 주는 게 있어야 보답이 있고, 버리는 게 있어야 얻는 게 있는 법이다. 사소한 이익에 집착하는 사람은 절대 커다란 발전을 이룰 수 없다.

똑똑함 때문에 도리어 일을 그르치지 마라

스스로 똑똑하다고 자부하는 사람들 가운데 '똑똑함이 도리어 일을 그르치는' 경우가 많다. 그 자부심이 가벼우면 기회를 잃는 데서 그치지만, 심하면 헤아릴 수 없는 손실을 부르게 된다. 종종 그들은 똑똑함 때문에 실패를 겪는다.

전 'UT스타컴 차이나'의 총재 우잉吳鷹은 "똑똑하다고 반드시 성공하는 것은 아니다"라고 말한 적이 있다.

우잉은 『비즈니스위크』가 선정한 '아시아의 금융 위기를 구한 아시아의 별 50인'에 뽑힌 인물이다. 2001년 3월 UT스타컴 차이나는 미국 나스닥 상장에 성공하여 그날 당일 시가가 70억 달러에 달했다. 우잉은 어떻게 이런 성공을 거두게 됐을까? 그는 미국에서의 구직 경험이 지대한 영향을 끼쳤다고 말했다.

1986년 그는 한 저명한 대학교수의 조수로 일했다. 이는 모든 사람이 부러워하는 일자리로 수입이 짭짤했을 뿐 아니라 공부에도 영향을 미치지 않았다. 게다가 최신 과학 기술과 정보를 누구보다 먼저 접할 기회가 많았다. 여러 차례 선별 과정을 통해 마지막까지 남은 30여 명이 시험을 치를 기회를 얻었다. 그도 그중 한 명이었으나 뽑힐 가능성은 매우 요원했다.

시험을 보기 며칠 전, 중국 유학생 몇 명은 온갖 방법을 동원해 시험관이 바로 그 유명한 교수라는 사실을 알아냈다. 그런데 그 과정에서 전혀 뜻밖의 사실을 알게 됐다. 그 교수가 한국 전쟁 때 중국군 포로로 생포됐었다는 것이다.

"휴, 불가능한 일에 시간을 투자하는 건 바보 같은 짓이야."

중국 유학생들은 이내 한숨을 내쉬고는 시험을 포기해 버렸다. 오직 우잉만이 시험에 참석했는데, 그는 시원시원한 성격답게 청산유수처럼 대답을 해서 그 교수의 마음을 사로잡았다.

"그래, 바로 자넬세!"

그 교수는 미소를 지으며 이렇게 말했다.

"왜 자넬 채용했는지 아는가? 사실 자네는 응시자 중에서 최고의 성적은 아니었지만 자네 친구들하고는 다르더군. 그들은 겉으로는 똑똑해 보이지만 사실은 매우 어리석었지. 자네들은 내 충실한 조수가 되어 주면 그만인데, 수십 년 전에 내게 일어난 일이 무슨 상관이 있겠는가? 자네의 가상한 용기가 내가 자넬 선택한 이유일세."

기회는 결코 스스로 똑똑하다고 여기는 사람들에게만 주어지는 것이 아니다. 그들이 말하는 '똑똑함'은 간혹 자기 자신을 파괴하는 무기로 되돌아본다.

교묘한 속임수는 질박하고 진실함만 못하다

중국 속담에 "진실로 성실하면 적이 없다"라는 말이 있다. 이는 사람 사이의 관계에서는 성실함보다 중요한 것이 없음을 설명한다.

노종도魯宗道는 송나라 진종眞宗 때 대신이다. 한번은 진종이 급한 일이 있어서 시종을 보내 그를 불렀다. 시종이 그의 집에 도착해 보니 노종도는 술을 마시러 나갔다가 한참이 지나서야 돌아왔다. 궁으로 돌아가 황제에게 보고를 해야 했던 시종은 그에게 일을 어떻게 처리하면 좋을지 물었다.

"황제께서 선생이 늦었다고 나무라실 텐데, 무슨 핑계를 댈까요?"

노종도가 대답했다.

"술을 마시다 늦었다고 사실대로 말하게."

"그러면 분명 벌을 내리실 텐데요."

"음주는 일상에서 일어날 수 있는 일이나 임금을 속이는 것은 신하 된 자의 큰 죄니라."

시종은 돌아가 노종도의 말을 그대로 아뢰었다.

잠시 후 노종도가 도착하자 진종은 그를 꾸짖었다.

"무슨 연유로 사사로이 술집을 드나든 것이오?"

노종도가 사죄하며 아뢰었다.

"신의 집이 가난하여 집에 술그릇이 없습니다. 마침 고향에서 친척이 놀러와 함께 술을 마시러 나갔습니다. 신이 평상복으로 갈아입어서 신을 알아본 사람은 없습니다."

그러자 진종이 웃으며 말했다.

"자네는 나라의 대신이오. 그러다가 어사에게 탄핵을 당하면 어쩔 것이오?"

진종은 비록 그를 꾸짖었지만 그의 성실함을 크게 쓸 수 있다고 여겨 그를 중용했다. 이것이야말로 '질박한 진실함이 교묘한 속임수보다 낫다'

의 좋은 예이다.

한번은 마이크로소프트사 중국 연구원 원장이 이런 이야기를 들려주었다.

전에 신입 사원 모집에 응시한 사람이 있었는데, 모든 조건을 두루 갖추고 있어서 회사에 꼭 필요한 인재라 할 만했다. 그런데 끝내 채용이 되지 않았다. 왜일까? 바로 그가 던진 한마디 때문이었다.

"저는 특별한 선물 하나를 가져올 수 있습니다. 제가 전에 다니던 회사에서 개발한 소프트웨어입니다."

그러나 이 '특별한 선물'을 마이크로소프트사에서는 절대 받아들일 수 없었다. 그 사람이 나중에 마이크로소프트에서 개발한 소프트웨어를 지금처럼 다른 사람에게 주지 않는다고 어느 누가 장담하겠는가?

리카이푸李開復 선생은 마이크로소프트의 인터랙티브 서비스 부문 부사장을 역임했다. 그는 젊은이들에게 성공을 거두기 위한 조언을 아끼지 않았다. 그가 쓴 『리카이푸가 들려주는 인재가 되는 길』은 매우 훌륭한 저서이다. 이 책에 열거한 인재의 10가지 조건 중에서 몇 가지를 소개할까 한다. 이를 통해 무엇이 인생의 '큰 지혜'인지 깨달을 수 있다.

첫째, 성실과 정직의 원칙을 견지하라. 경영과 커뮤니케이션 능력은 일을 하면서 천천히 배울 수 있다. 그러나 정직한 마음은 값으로 따질 수 없다. 성품이 훌륭하지 못한 사람은 절대 뜻한 바를 이뤄 낼 수 없다.

둘째, 주변의 사소한 일들이 인격을 형성하고 성실함을 쌓는 데 중요한 열쇠가 된다. 사사로운 이익을 탐하고 잔꾀를 부리는 행동은 스스로를 발전이 없는 이미지로 만들어 결국 소탐대실의 결과를 가져온다. "악한 일이 아무리 작다고 해도 절대 행해서는 안 된다"는 말을 반드시 기억해야만 한다.

셋째, 좋은 아이디어와 성과는 다른 사람들과 함께 나누어라. 남들이 자기보다 앞서 나갈까 봐 걱정하는 것은 건강하지 못한 생각이며, 성공에도 전혀 도움이 되지 않는다. "많이 내놓을수록 얻는 것도 많다"는 속담을 기억하자.

넷째, 다른 사람의 공로를 칭찬하라. 다른 사람의 지혜와 성과를 빌렸다면 이를 공개적으로 알려야 한다. 남의 도움을 받았다면 마땅히 감사를 표해야 한다. 이것은 단체 생활의 기본 정신이다.

STORY 12

많은 사람들의 도움을 받아 성공하라

•••혼자서 성공하는 사람은 없다. 많은 사람들의 도움을 받는 것이야말로 진정으로 뛰어난 지혜이다. 현대 사회에서는 아무리 능력이 뛰어나도 단체정신을 갖추지 못하면 절대 이상적인 결과를 얻을 수 없다. 나를 좀 알아달라고? 우선 다른 사람이 왜 나를 알아주지 않는지 이해하도록 하라. 당신을 가로막는 힘을 당신을 지지하는 힘으로 바꾸는 것이 가장 큰 덧셈법이다.

"지혜로운 사람은 조력자를 찾고, 어리석은 사람은 방해자를 찾는다."

당신이 전도유망한 직원이 되려 하거나 성공한 사람이 되려거든 절대 이 말을 잊지 말아야 한다. 혼자서 성공할 수 있는 사람은 없다. 성공하는 데 많은 사람들의 도움을 받는 것이야말로 진정으로 뛰어난 지혜이다.

언젠가 신문에서 구인과 관련된 기사 하나를 보게 됐다. 모 회사에서 마케팅 책임자를 뽑는데 지원자들이 구름처럼 몰려들었다. 수차례에 걸친 시험을 모두 통과하고 세 명의 지원자가 마지막까지 남았다.

세 명 중 누가 가장 적임자인지 알아보기 위해 이들에게 과수원에 가서 과일을 따 오라는 과제를 냈다. 세 명의 경쟁자 중 한 명은 몸이 매우 민첩했고 또 한 명은 키가 컸으며 나머지 한 명은 키가 아주 작았다. 보기에도 앞의 두 사람이 좀 더 가능성이 높았지만 결과는 정반대로 키가 가장 작은 지원자가 승리했다. 도대체 어떻게 된 일일까?

사실 이 시험은 심사숙고 끝에 결정된 것이다. 경쟁자들이 따야 하는 과일은 아주 높은 곳에 열려 있었고, 대부분 가지 끝에 매달려 있었다. 그래서 키가 큰 지원자가 손을 뻗으면 과일을 딸 수 있었지만 아무래도 한계가 있었다. 몸이 민첩한 지원자 역시 나무 위로 기어 올라가는 재주를 지녔지만, 가지 끝에 달린 몇 개만 땄을 뿐 충분한 양을 수확하지는 못했다. 그런데 키가 작은 지원자는 이 광경을 지켜보더니 두말도 않고 정문으로 달려갔다. 정문에는 과수원을 지키는 나이 지긋한 수위가 있었다.

키가 작은 응시자는 이번 시험이 예사롭지 않다는 사실을 깨달았다. 어쩌면 전부 다 시험관이요 곳곳이 시험장일지도 몰랐다. 그는 정문에 도착하자마자 수위에게 반갑게 인사를 건넸다. 그리고 평소에 가지 끝에 매달린 과일을 어떻게 따는지 겸손하게 물었다. 수위가 사다리를 이용한다고 대답하자 그는 그 즉시 수위에게 사다리를 빌려달라고 요청했다. 수위는 흔쾌히 그의 요청을 들어주었고, 그는 사다리를 이용해 손쉽게 과일을 딸 수 있었다. 마침내 그는 다른 경쟁자들을 물리치고 당당히 마케팅 책임자 자리에 올랐다.

이 이야기를 듣고 시험 출제자의 의도가 무엇인지 파악했는가? 그가 출제한 것은 단체정신 가운데 매우 중요한 내용이었다. 바로 다른 사람에게 관심과 지지를 그 사람에게서 도움과 협조를 얻어낼 수 있는 능력이 있는지 본 것이다.

많은 사람들이 문제가 어렵다고 느끼는 이유 중 하나는 자신의 재주와 능력만 믿고 다른 사람의 도움을 얻어 낼 줄 모르기 때문이다. 심한 경우 스스로 능력이 뛰어나다고 자부하면서 자신을 도와줄 사람을 쫓아 버리기로 한다.

그렇다면 어떻게 해야 더 많은 사람들의 도움을 얻어낼 수 있을까?

남을 높이고 자신을 낮춰라

사람은 누구나 다른 사람들로부터 인정을 받고 싶어 한다. 어리석은 사람은 오로지 자신의 장점만을 강조하여 다른 사람들에게 존경받길 원한다. 이와 반대로 총명한 사람은 남들이 자신을 중요한 사람으로 여기게 만들며 결국엔 그들로부터 존경심을 이끌어 낸다.

『포브스』지에 "원만한 인간관계를 이끄는 처방"이라는 기사가 실렸었는데, 그중 거울삼을 만한 중요한 것을 몇 가지로 추리면 다음과 같다.

언어생활에서 가장 중요한 다섯 글자는? "我以你爲榮당신을 존경합니다!"

언어생활에서 가장 중요한 네 글자는? "您怎麼看어떻게 생각하세요?"

언어생활에서 가장 중요한 세 글자는? "麻煩您번거롭게 해드려서 죄송합니다."

언어생활에서 가장 중요한 두 글자는? "謝謝감사합니다."

언어생활에서 가장 중요한 한 글자는? "你당신!"

그렇다면 언어생활에서 가장 부수적인 한 글자는 무엇일까? 그것은 바로 '나'이다. 자신을 낮추고 남을 높이는 법을 배워야 한다. 그러면 곧 당신을 좋아하고 당신을 도우려는 사람이 점점 많아진다는 것을 깨닫게 될 것이다.

다른 사람이 왜 나를 알아주지 않는지 이해하도록 하라

우리는 항상 '나를 좀 알아달라고' 말한다. 이는 남들에게 동정을 구하는 외침이다. 만약 다른 사람들이 나를 이해하지 못한다면 어떻게 해야 할까?

"나를 좀 알아달라고? 우선 다른 사람이 왜 나를 알아주지 않는지 이해하도록 하라."

나를 좀 알아달라는 것 또한 나로부터 출발하는 것이다. 구체적으로 다음과 같은 단계를 밟아 가면서 문제를 해결해야 한다.

- 다른 사람들이 알아주지 않는 현실을 인정한다.
- 이런 현실을 존중하라. 왜냐하면 그만한 이유가 있기 때문이다.
- 가능한 한 다른 사람이 왜 나를 알아주지 않는지 이해하도록 노력

하라.
- 다른 사람들에게 나를 쉽게 이해시키는 방법을 찾아 그들을 이해시켜라.

얼마 전 나는 천단陳丹이라는 여성 간부의 편지 한 통을 받았다. 그녀는 편지에서 내가 제시한 "나를 좀 알아달라고? 우선 다른 사람이 왜 나를 알아주지 않는지 이해하도록 하라."라는 견해에 큰 도움을 받았다고 적었다. 그녀는 이 말을 업무에 활용했을 뿐만 아니라 남편과의 이혼 위기를 극복하는 방법으로도 활용했다.

그녀와 그녀의 남편은 대학 동기로 남들이 부러워할 만큼 줄곧 사이가 좋았다. 게다가 남편의 든든한 지원으로 취업에 성공하여 간부직에까지 올랐다. 그러나 그녀가 책임자가 된 이후 과중한 업무 때문에 남편과 함께하는 시간이 점점 줄어들었다. 남편은 자신이 소외당하고 있다고 느꼈고 그녀에게 불만을 터뜨리기 시작했다. 심지어 그녀가 회사의 남자 동료들과 바람을 피우는 건 아닌지 의심하기도 했다. 이렇게 두 사람 사이에 갈등이 생겨났고 두 사람은 틈만 나면 싸움을 벌였다. 남편은 부인이 변했다고 욕했고, 그녀는 남편이 생트집을 잡는다고 목소리를 높였다.

그러던 중 그녀는 내 강좌를 듣고 스스로를 반성하게 되었다. 그녀는 남편의 입장에서 문제를 생각하고 처리하게 되었다. 그녀는 남편과 많은 시간을 함께하려고 노력했으며, 많은 대화를 나누려고 했다. 남편은 부인이 예나 지금이나 여전히 자신을 사랑한다고 느끼게 되었고 태도를 바꾸어 전처럼 그녀를 지원해주었다.

그녀는 흥분된 어조로 말했다.

"스스로 남편의 지원을 받지 못했다고 원망하지 마세요. 사실 남편을 위해 밥을 차려 주고 '사랑해'라는 말을 자주 한다면, 남편의 관심과 지원이 당신 눈앞에 당장 나타날지도 모릅니다."

인간관계에서는 다른 사람에게 나를 알아달라고 말하는 것도 필요하지만 스스로 다른 사람을 이해하려는 노력도 필요하다. 다른 사람들을 이해하려는 것뿐만 아니라 다른 사람들이 이해하지 않는 것까지 이해해야만 그들에게서 더 큰 이해를 얻어낼 수 있다.

덧셈법을 잘 활용하라

덧셈법을 잘 활용하는 것이란 당신에게 도움이 될 수 있는 힘을 최대한도로 증가시키는 것을 가리킨다. 덧셈법은 세상 어디에나 존재하며, 당신을 방해하는 힘을 당신을 지지하는 힘으로 바꾸는 것이 바로 가장 큰 덧셈법이다.

중국의 원나라와 청나라는 모두 소수 민족이 중원을 다스린 경우였다. 몽고족이 중원으로 진출했을 때 그들은 대단히 강력했지만, 청나라는 상대적으로 약소한 편이었다. 그러나 원나라는 그들의 역사를 채 100년도 이어가지 못한 반면, 청나라는 수백 년 동안 존속했다. 왜 이런 결과가 나왔을까? 몽고족은 오직 뺄셈법만 적용하여 한족을 억압하고 약탈했지만, 이와 반대로 청나라는 덧셈법인 포용 정책을 실시했었다.

원나라 세조世祖인 쿠빌라이는 전국의 백성을 네 등급으로 나누었다. 첫째는 몽고인, 둘째는 색목인중동 지역의 서방계 인종, 셋째는 한인금나라가 통치하던 각종 민족, 넷째는 남인남송 통치 하의 한족 백성들이었다. 그리고 몽고인이 한인과 남인을 구타해도 절대 대항하지 못하도록 법률로 정하고 이를 근거로 한족을 노예처럼 취급했다. 쿠빌라이는 문화적으로도 금과 남송이 모두 유학자들의 손에 멸망했다고 여겨 처음에는 그들을 가까이했으나 점차 그들을 멀리하고 배척했다.

반면 청나라는 원나라와 상반된 정책을 폈다. 그들은 수많은 한족 관료들을 등용하여 자기편으로 흡수했을 뿐만 아니라 유교 문화의 발굴을 대단히 중시했다. 특히 강희제康熙帝는 유교 문화를 매우 잘 활용한 것으로 유명하다. 당시 청나라를 뒤엎고 명나라를 회복하려는 열사들조차 대세가 이미 기울었음을 깨닫고 결국 현실을 받아들였다. 이렇듯 덧셈법은 강희제가 통치 기반을 공고히 하는 중요한 수단이 되었다.

선을 행해야만 운이 트인다

다른 사람의 도움이 필요할 때, 먼저 남을 도울 줄 아는 사람이 된다면 남들도 나를 도울 것이고, 간혹 분에 넘치는 도움을 받기도 한다.

에디슨은 정규 교육도 받지 못한 가난한 학생이었지만 실험이나 발명에 커다란 흥미를 가졌다. 그러나 집안이 가난해 발명에 필요한 조건들을 갖추지 못했다. 에디슨은 생활고에 시달려 열두 살 때부터 기차에서 신문과 먹을거리를 팔며 생계를 꾸렸다. 그 후 몇 년간 부득이하게 고향을 등지고 각지를 유랑하며 배고픔과 추위에 떨며 살았다.

한번은 에디슨이 철로 부근을 지나가다가 어린아이 하나가 레일에서 놀고 있는 모습을 목격했다. 기차가 멀지 않은 곳에서 쏜살같이 달려오는데도 아이는 노는 데 정신이 팔려 이를 모르고 있었다. 매우 다급한 상황에서 에디슨은 조금도 주저하지 않고 철로로 뛰어들어 아이를 구해냈다.

알고 보니 그 아이는 바로 역장의 아들이었다. 이 사건을 계기로 에디슨의 운명은 180도 바뀌었다. 역장은 에디슨의 은혜에 보답하기 위해 직접 전보 치는 기술을 가르쳐 주었다. 에디슨도 부지런히 공부하여 채 3개월이 되지 않아 송수신 기술을 완벽하게 깨우쳤다. 이때의 경험은 훗날 에디슨이 이룬 성공에 탄탄한 기초가 되었고, 훗날 세계적인 '발명왕'의 길도 걸을 수 있었다.

이것이 바로 불교에서 말하는 '선을 행하면 운이 트인다'는 법칙이다. 순탄하지 못한 환경에 처했을 때, 사심 없이 남들에게 최선을 다하면 종종 예상치 못한 좋은 기회가 찾아오기도 한다.

STORY 13

문제의 요점과 근본을 꽉 틀어쥐어라

••• 일을 아무렇게나 닥치는 대로 처리하면 하는 일마다 물거품이 되기 십상이다. 설사 성공하더라도 엄청난 시간과 힘을 대가로 치러야만 한다. 이와 반대로 문제의 요점을 정확히 파악하는 데 뛰어나면 아무리 난처한 문제라도 손쉽게 해결할 수 있다.

핵심을 찌르는 법을 배워라

전체를 조종하는 요점을 찾아라

사람의 심금을 가장 잘 울리는 점을 캐치하라

감제고지를 장악하라

가장 빨리 그리고 효과적으로 문제를 해결하길 바라지 않는 사람은 없다. 다만 어떤 사람은 이를 해내는 반면, 어떤 사람은 속수무책으로 당하기만 한다. 여기에는 수많은 이유가 있겠지만 문제의 요점과 근본을 잘 짚어 냈는가가 가장 중요하다.

　일을 아무렇게나 닥치는 대로 처리하면 하는 일마다 물거품이 되기 십상이다. 설사 성공하더라도 엄청난 시간과 힘을 대가로 치러야만 한다. 이와 반대로 어떤 이는 아무리 난처한 문제를 만나도 매우 빠른 속도로 문제의 요점을 파악하고 이에 상응하는 수단을 채택하여 문제를 금방 해결한다.

핵심을 찌르는 법을 배워라

　여러 무공 중에 '점혈법'이란 것이 있다. 힘을 많이 쓰지 않지만 급소를 찔러서 상대가 전혀 손을 쓰지 못하도록 만드는 기술이다. 그러므로 난제에 부딪혔을 때, 문제의 혈도를 찾아 상응하는 조치를 취하는 것이 대단히 중요하다.

　어느 호텔의 엘리베이터가 고장이 나서 수리가 필요했다. 엘리베이터 수리 회사는 호텔 측과 사전에 계약을 체결하고 검사를 마친 후 닷새 후에 공사를 시작하기로 약속했는데, 수리 시간이 12시간 이상 필요했다. 그렇게 되면 손님들에게 불편을 초래할 것이 분명했고, 설사 부분적으로 이용이 가능해도 고층 투숙객들은 큰 불편을 겪어야 했다. 이는 엘리베이터를 수리한다면 당연히 겪어야 할 일이었다.

　당시 호텔에서는 인사이동이 있어서 경영자가 새로 막 부임한데다가 마침 성수기였다. 호텔의 입장에서 12시간이나 엘리베이터를 이용하지 못한다는 것을 받아들일 수 없었다. 엘리베이터 수리 회사는 세 차례나 사람을 보내 협상을 벌였지만 매번 거절을 당했다. 그러자 수리 회사는 마지막으로 경험이 풍부한 직원을 파견해 호텔 측과 협상을 벌였다. 그 직원은 단도직입적으로 말했다.

"사장님, 지금이 성수기라는 것을 알고 있지만 저희 측에서 검사해 본 결과에 따르면 대대적인 엘리베이터 수리가 반드시 필요합니다. 지금 수리하지 않는다면 오래지 않아 더 큰 손실을 가져올 겁니다. 그때가 되면 12시간이 아니라 며칠 동안 엘리베이터를 이용할 수 없을지도 모릅니다. 게다가 더 우려되는 점도 있습니다. 어느 날 엘리베이터 사고가 나서 사람이 죽거나 다친다면 경제적 손실에서 그치지 않고 법적 책임을 지실 수도 있습니다."

사장은 하는 수 없이 그 직원의 의견을 수용하고 때맞춰 엘리베이터를 수리했다.

사장이 수리를 원하지 않았던 이유는 자신이 손해를 볼까 염려됐기 때문이다. 따라서 수리 회사 직원은 사장의 이런 심리를 이용해, 만약 제때 수리하지 않으면 더 큰 손실을 가져올 것이라고 설명한 것이다. 이처럼 상대방의 혈도를 정확히 찌르면 어려운 문제도 쉽게 해결할 수 있다.

전체를 조종하는 요점을 찾아라

어떤 문제든 핵심이 있기 마련인데, 그것은 바로 '전체를 조종하는 요점'이다. 이 요점의 큰 특징은 모든 갈등의 집결지라는 사실이다. 그러므로 이를 해결하면 다른 문제들은 저절로 풀린다.

1933년 3월 4일 루즈벨트는 미국의 제32대 대통령으로 취임했다. 당시 미국은 회복 기미가 보이지 않는 경제 대공황을 겪고 있었다. 루즈벨트가 대통령으로 취임하는 날, 미국 전역에서 정상 영업을 하는 은행이 극히 드물었기 때문에 수표를 현금으로 교환하기가 어려웠다.

루즈벨트는 취임한 지 3일째 되는 날인 3월 6일, 전국의 은행들에게 3일간 문을 닫으라는 깜짝 놀랄 만한 결정을 발표했다. 이는 3일 동안 전국 은행들의 현금 지급 중단을 의미했고, 그렇게 되면 각종 금융 정책을 조정할 충분한 시간을 벌 수 있었다.

문을 닫았던 전국 은행 중 4분의 3인 1만 3,500개 은행이 일주일 안에 정상 영업을 개시했고, 거래소도 다시 문을 열면서 뉴욕 증시의 주가는 15%나 급등했다. 루즈벨트의 결단으로 전국적인 은행 시스템의 마비를 피했으며 아울러 경제 회복의 효과도 가져왔다.

루즈벨트의 결정은 어떻게 금방 효과가 나타났을까? 바로 국가 경제의 가장 중요한 문제인 은행 문제를 꽉 틀어쥐었기 때문이다. 은행은 고객들이 예금을 찾으려 쇄도하는 것을 가장 두려워한다. 이런 현상이 발생한다면 사람들은 금융에 대한 신뢰를 잃게 되고, 일단 금융에 대한 신뢰가 추락하면 예금을 찾으려고 사람들이 더욱 몰려들어 악순환을 반복하게 된다.

당시 미국에서는 전국적으로 이런 현상이 벌어지고 있었다. 모든 은행은 마치 소용돌이에 빠진 것처럼 예금을 찾으려는 고객들의 발길이 쉬지 않고 이어졌다. 그래서 루즈벨트는 금융계가 숨을 쉴 수 있도록 3일간 영업을 중지하라는 과감한 조치를 취한 것이다. 그리고 그 기간 동안 각종 방안을 내놓아 사람들의 신뢰를 회복하여 심각한 금융 대란을 해결할 수 있었다. 이것이 바로 전체를 조종하는 요점을 찾아야 하는 이유이다. '사물의 핵심을 파악하면 그 밖의 것은 저절로 해결된다'는 말이 곧 이 뜻이다.

사람의 마음을 움직여라

사람의 마음이란 대단히 기묘해서 이를 잘만 자극한다면 원자탄 같은 폭발력을 일으켜 깜짝 놀랄 만한 효과를 거둘 수 있다.

쑨원은 만청 정부를 전복하고 민주 정부를 수립하기 위해 이곳저곳을 다니며 호소했다. 그가 해외에서 혁명을 일으켰을 때, 비록 처음에는 영향력이 미미했지만 훗날 화교들의 마음을 사로잡는 데 성공했다. 그는 수많은 화교들에게 다음과 같은 이야기를 들려주었다.

"남쪽 먼 어느 나라에서 화교들의 지위가 매우 낮아 저녁 통금 시간 후 화교들이 돌아다니면 바로 붙잡혔다. 그런데 다른 나라 사람들은 아무 제지도 당하지 않았다. 그래서 통금 시간이 되면 화교들은 문 밖을 절대 나가지 않거나 나가더라도 꼭 다른 나라 사람과 동행해야 했다. 아무리 돈이 많고 명망이 높은 화교라도 통금 후 안전하게 길을 가기 위해서는 일본의 기녀라도 대동하는 편이 훨씬 나았다.

이는 무엇을 설명하는가? 명망 높은 중국인이 일개 일본 기녀만 못하다는 말 아닌가. 이는 절대 있을 수 없는 일이다. 우리의 국가와 민족이 부강하지 않기 때문에 이런 결과가 빚어진 것 아닌가. 그렇다면 우리는 어떻게 해야 하는가? 민주 대업에 투신하여 '신중국'을 건설하자!"

이 연설을 듣고 감동을 받지 않은 사람이 없었다. 훗날 쑨원이 일으킨 혁명에 지원을 보내는 해외 각계 인사들이 갈수록 늘어난 것은 어찌 보면 당연했다.

한 유명 인사는 다음과 같은 말을 남겼다.

"아무리 능력이 뛰어난 사람이라도 사회에 미치는 영향력이 부족하면 능력의 절반을 낭비한 것이나 마찬가지다. 영향력의 핵심은 바로 '마음을 공략하는 기술'이다."

감제고지를 장악하라

'감제고지'는 일정한 영역에서 아래를 모두 내려다볼 수 있는 가장 높은 위치를 가리킨다. 그곳을 점령하면 어떤 사람이나 일에 대해서 강력한 구속력을 가지게 된다.

1970년대 일본의 소니 컬러TV가 미국 시장에 진출했다. 그런데 일본에서는 불타나게 팔리던 제품이 어쩐 일인지 미국에서는 아무 반응이 없었다.

그러자 회사에서는 해외 판촉부 부장 우노기 하지메卯木肇를 시카고에 특별히 파견해 판로 문제를 해결하도록 했다. 처음에 그는 어떻게 손을 써야 할지 전혀 몰랐다. 그러던 어느 날 그가 목장을 산책하다가 목동이 소를 모는 광경을 목격했다. 목동이 먼저 큰 황소를 우리 안으로 몰아

넣자 나머지 소 떼가 황소의 뒤를 따라 우리 안으로 들어가는 것이었다. 그는 여기서 한 가지 이치를 깨달았다. 만약 현지에서 규모가 가장 큰 전자제품 판매처를 공략한다면 목동이 우두머리 소를 길들이는 것처럼 다른 판매처들은 알아서 찾아올 것이라고 생각해냈다.

그래서 그는 현지에서 가장 큰 전자제품 판매 회사인 '마샬'을 찾아가 소니 제품을 판매해달라고 요청했다. 처음에 그 회사에서는 아무런 반응이 없었다. 그러나 하지메가 몇 번이고 찾아가 대대적인 광고를 하고, 제품 이미지를 개선하고, 지명도를 높이고, 제품의 사후 관리를 강화하겠다고 약속하자 회사에서는 소니 제품 판매를 허락했다. 그러자 순식간에 이 지역의 100여 개 상점에서도 소니 제품을 판매하기 시작했고, 마침내 미국 시장의 문도 열렸다.

감제고지가 중요한 이유는 그곳에 최대의 '위치 에너지'가 생성되어 있어 모든 곳에 영향을 미치기 때문이다.

STORY 14

양 갈래 길에서 제3의 길을 선택하라

• • • 눈앞에 양 갈래 길이 나타났을 때, 더욱 지혜로운 방법은 제3의 길을 선택하는 것이다. '이것이 아니면 저것이다'라는 선택이 반드시 최선의 선택이 될 수 없다. 제3의 길을 선택하는 것이 가장 좋은 선택일 수도 있다. 맹목적인 충동을 억제하고 국면을 넓게 보라 극단적인 선택을 넘어서서 '윈-윈'을 추구하라. '이것이 아니면 저것'이라는 사고를 버리고 쌍방이 모두 만족할 수 있는 방법을 연구하라.

여러분들은 업무나 일상생활에서 이런 상황에 맞닥뜨린 적이 있을 것이다. 앞에 오직 두 가지 길만 놓여 있어서 둘 중 하나를 꼭 선택해야 하는데, 어느 것을 선택하더라도 좋은 결과를 얻지 못하는 경우 말이다. 이는 실로 진퇴양난의 국면이라 할 수 있다. 이런 문제는 모든 문제들 가운데 압박이 가장 심하고 해결하기도 매우 어렵다.

두 갈래 길이 앞에 나타났을 때, 우리는 제3의 길을 선택할 줄 알아야 한다. '이것 아니면 저것'이란 선택은 가장 좋은 방법이 될 수 없다. 이때는 제3의 길이 최선일 가능성이 높다.

나는 「여섯 번째 반지」라는 글을 읽은 적이 있었는데, 그 내용은 다음과 같다.

미국이 경제 대공황을 겪던 시절, 18세의 만사라는 아가씨는 한 고급 보석상의 점원으로 취직했다. 크리스마스이브 날 가게에 30세 정도로 보이는 남자 손님이 찾아왔다. 그는 깔끔한 옷차림에 교양도 갖춘 듯 보였지만 방금 실직을 당한 사람이 분명했다. 그때 가게 안에 혼자 남아 있던 만사는 그를 보고 친절하게 인사를 건넸다. 하지만 그 남자는 어색한 웃음을 지으며 황급히 그녀의 눈을 피했다. 꼭 "난 신경 쓰지 마세요. 그냥 구경하러 온 거니까요"라고 말하는 것처럼.

이때 전화벨이 울렸다. 만사가 전화를 받으러 가다가 그만 실수로 진열대 위에 놓인 상자를 떨어뜨렸다. 상자가 엎어지면서 안에 있던 매우 아름다운 금반지 6개가 땅바닥에 떨어졌고 그녀는 황급히 그 반지들을 주웠다. 그런데 반지 5개는 찾았으나, 아무리 찾아도 나머지 한 개가 보이지 않았다. 그녀가 고개를 들자 그 남자 손님이 문을 향해 걸어가고 있는 모습이 보였다. 순간 그녀는 마지막 반지가 어디로 갔는지 알아챘다.

남자가 손으로 문을 밀고 나가려는데 만사가 부드러운 목소리로 불렀다.

"죄송합니다, 손님."

그 남자가 몸을 돌리자 두 사람은 1분 넘게 아무 말 없이 서로를 응시했다. 만사는 심장이 쿵쾅쿵쾅 뛰었다.

'저 사람이 갑자기 강도로 돌변하면 어쩌지? 그러면……'

"무슨 일인가요?"

마침내 남자가 먼저 입을 열었다.

만사는 마음을 진정시키고 용기를 내어 말했다.

"손님, 여기는 제 첫 번째 직장입니다. 다른 일을 찾기도 쉽지 않고요."

그녀를 뚫어지게 쳐다보던 남자는 서서히 얼굴에 미소를 지었다. 만사도 마음이 조금은 평안해진 듯 그를 향해 미소를 띠었다. 두 사람은 마치 오랜 친구를 만난 것처럼 친밀감을 느꼈다.

"맞아요. 당신 말이 맞습니다. 하지만 당신은 여기서 분명 일을 잘 해낼 겁니다."

잠시 후 그가 한 걸음 앞으로 다가와 손바닥을 펼쳤다.

"당신을 위해 축복해도 되겠죠?"

그는 그녀의 손을 꼭 쥔 후 몸을 돌려 천천히 문을 향해 걸어갔다.

만사는 그의 모습이 문 밖에서 사라질 때까지 눈으로 배웅하고 진열대로 돌아와 손 안의 마지막 반지를 제자리에 넣어 두었다.

위의 이야기에서 만사는 둘 중 어느 하나를 선택해야 하는 문제에 직면했다. 만약에 감정을 억누르고 아무 말도 못했다면 자신은 물론 가게에도 손해를 끼쳤을 것이다. 만약 바로 경찰에 신고했다면 그 남자는 도둑으로 몰려 경찰에 잡혀갔을 것이다. 그랬다면 그의 인생이 완전히 끝났을지도 모를 일이다.

하지만 선택의 기로에서 만사는 제3의 방법을 선택했다. 그에게 해를 끼치지 않으면서도 그의 이해와 수긍을 얻어내 어떤 돌발적인 상황도 만들지 않았고 가게의 손실도 막았다.

제3의 길을 선택할 줄 알려면 아래의 요점을 명확히 깨달아야 한다.

맹목적인 충동을 억제하고 국면을 넓게 보라

국면을 넓게 볼 줄 아는 것은 건설적인 사고방식을 고도로 체현하는 것이다. 건설적인 사고에서 최우선으로 강조하는 것은 '최대 효과' 원칙이다. 이는 전체적으로 마음과 행동을 다잡아 최대한의 효과를 얻는 것이다. 기왕 '최대 효과'를 도모했다면 반드시 국면을 넓게 보아야 하고 더욱이 이성과 감정이 서로 충돌할 때, 감정의 맹목적인 충동에 굴복하지 않고 이성의 지휘를 따라야만 한다.

극단적인 선택을 넘어서서 '윈–윈Win-Win'을 추구하라

문제에 부딪혔을 때, 사람은 통상적으로 '약탈', '굴복', '윈-윈' 세 가지 태도를 보인다.

- 약탈 : 자발적으로 다른 사람을 공격하고 침략하는 것으로, 상대방에 대한 지나친 공격이 도를 넘어서는 경우가 많다.
- 굴복 : 불합리한 굴종을 가리킨다. 이러한 방법은 실제적으로 현실

을 도피하거나 자신의 기본적인 권익을 희생시킨다. 그 결과 건강하지 못한 심리와 감정을 일으키게 된다. 한편으로는 상대방에게 자신을 이용하거나 협박할 기회를 제공하기도 한다.

- 윈-윈 : 이것은 위의 두 가지를 뛰어넘는 것이다. 자신의 정당한 권리와 감정을 보호할 수 있을 뿐만 아니라 가능한 한 상대방의 감정과 정당한 권익을 해치지 않는다. 게다가 '제3의 길'을 쉽게 찾아내 쌍방 모두 만족하는 '윈-윈'의 효과를 얻을 수 있다.

모두를 만족시킬 수 있는 방법을 찾아라

업무나 일상생활에서 진퇴양난의 문제에 봉착했을 때, 반드시 쌍방이 모두 만족할 수 있는 방법으로 문제를 처리해야 한다. 그러기 위해서는 제3의 방법을 생각해낼 줄 아는 것이 매우 중요하다.

1970년대 중국에서 널리 유행한 이야기를 들어 보자.

한 외국 국빈단이 중국을 방문했는데, 귀국하기 전날 중국 측에서 성대한 만찬을 준비했고, 만찬이 끝난 후에는 잡기 공연이 예정되어 있었다.

만찬을 파하는 자리에서 중국 측 대표가 우호의 정을 표시하기 위해 값을 따질 수 없는 진귀한 보물인 구룡배九龍盃에 술을 따라 주었다. 그런데 구룡배가 맘에 든 한 외빈이 연회를 마칠 즈음 사람들의 눈을 피해 이 잔을 손수건에 싸서 핸드백에 감추었다. 외빈의 행동을 모두 지켜본 웨이터가 즉각 이를 윗선에 보고했다.

하지만 아무 일도 없었다는 듯 외빈들은 차를 타고 공연장에 도착해 잡기 공연을 구경했다. 공연은 사람을 매료시키기에 충분했고 마지막으로 마술사가 무대에 등장했고, 그가 손에 들고 있던 구룡배에 물을 붓자 용 아홉 마리가 물속에서 춤을 추었는데, 그 모습에 사람들은 입을 다물지 못했다. 마술사가 다시 권총을 꺼내 잔을 맞추자 펑 소리와 함께 잔 세 개가 모두 사라져 버렸다.

마술사가 한 관객 앞에 다가가 말했다.

"손님의 주머니를 한번 만져 보세요."

어안이 벙벙해진 관객이 주머니에 손을 넣자 놀랍게도 구룡배가 나왔다. 이 멋진 광경을 지켜본 관객들은 우레와 같은 박수를 퍼부었다. 두 번째 잔은 또 다른 관객의 몸에서 나왔다.

마지막 잔을 찾기 위해 마술사는 그 외빈 앞으로 걸어가 "마지막 하나는 손님의 핸드백에 있습니다"라고 말했다.

많은 사람들이 주시하는 상황에서 그 외빈은 하는 수 없이 구룡배를 꺼냈다. 내막을 모르는 관객들은 일제히 박수갈채를 보냈고, 그 외빈도 체념한 듯 엄지손가락을 치켜세웠다.

이것 역시 현명하게 제3의 길을 선택한 예라고 할 수 있다. 구룡배를 가져가려던 외빈은 특수한 신분이었기 때문에 괜한 말썽이 일어날 소지가 다분했다. 먼저 구룡배를 찾겠다고 외빈의 몸을 수색하려 들었다가는 쌍방 간의 화기애애한 분위기를 깨뜨릴 우려가 있었다. 그렇다고 나라의 보물인 구룡배를 가져가도록 방치할 수도 없었다.

이처럼 직접 문제를 해결할 수 없는 상황에서 그들은 마술사를 이용하는 방법을 택해 외빈이 어쩔 수 없이 구룡배를 내놓도록 만들었다. 이로써 외빈의 체면을 살려 주었을 뿐만 아니라 구룡배도 순조롭게 되찾아 올 수 있었다.

제4장

문제보다 해법이 많다

문제를
기회로 바꾸어라

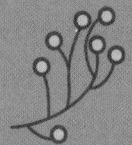

STORY 1

아무 문제도 없다는 것이 가장 큰 문제다

••• 아무 문제가 없도록 애써 노력하지 말라. 왜냐하면 가장 큰 문제는 꼭 아무 문제도 없는 데서 발생한다. 사람들은 진리가 자기 주변에만 있다고 생각하지, 스스로 진리가 있는 쪽으로 찾아갈 줄 모른다. 가장 위험한 순간은 종종 성공했을 때 찾아온다. 곤란함과 문제는 많은 번뇌와 고통을 가져다주지만 우리가 더 큰 창의적인 일을 하는데 큰 보탬이 되기도 한다.

'문제보다 해법이 많다'는 것은 문제에 과감하게 도전하는 정신인 동시에 해법을 찾아 어려움을 극복하는 태도하고 할 수 있다. 그렇다면 어려움과 문제는 단지 우리가 무시하고 극복해야 하는 대상으로 봐야만 할까?

세상 만물은 모두 변증적으로 구성되어 있다. 어려움과 문제가 수많은 번뇌와 고통을 가져다주지만, 이는 우리 인생에서의 필연인 동시에 우리가 성장하고 발전하고 창조하는 데 큰 보탬이 되기도 한다. 그러므로 어려움과 문제를 해결하는 데 뛰어나야 하는 것뿐 아니라 이를 기회로 삼을 줄 알아야 한다.

그러면 가장 간단한 변증법부터 시작해 보자. 아무 문제가 없도록 애써 노력하지 말라. 왜냐하면 가장 큰 문제는 꼭 아무 문제도 없는 데서 발생한다.

한 대학 졸업생이 한 유명한 잡지에 졸업 후 취업한 첫 직장에 대한 경험을 글로 실었다. 그는 성적이 뛰어나 졸업 직후에 한 대기업의 신입 사원 모집에 응시하게 되었다. 대기업 인사부에서 그의 이력서와 면접에 모두 만족감을 표시하고 즉시 회계부 부장에게 전화를 걸어 면접을 보도록 했다. 그는 회계부 부장 앞에서도 뛰어난 능력을 인정받아 바로 채용돼 회계부에서 일을 시작했다. 부서 내에서 명문대를 나온 직원이 그 하나였기 때문에 사람들은 그를 매우 존경했다. 이에 자기도 모르게 자만심에 빠진 그는 "난 너무 유능해서 아무 문제도 없어"라는 말을 달고 다녔다. 그러자 회계부 부장이 좋은 마음으로 이를 일깨워 주려 했지만 그는 피식 웃으며 무시해 버렸다.

얼마 후 부장이 그에게 영수증대로 원자재 명세서를 입력하는 일을 맡겼다. 사실 이는 매우 간단한 일로 숫자를 베껴 적으면 그만이었다. 1,000장이나 되는 영수증도 이틀이면 끝낼 수 있었다. 하지만 그는 '소 잡는 칼을 닭 잡는 데 쓴다'며 노골적으로 불평을 늘어놓았다. 그런데 엿새째 되던 날 장부를 대조하는데 장부가 맞지 않는 것이었다. 아무리 반복해서 대조해 봐도 계산이 전혀 맞지 않았다. 그는 어디가 틀렸는지 세세하게 조사하기보다는 오히려 아니라 장부에 오류가 있다고 의심했다. 그는 자신 있게 부장을 찾아가 매우 확실한 어조로 장부에 분명 문제가 있다고 보고했다. 부장이 다시 한 번 자세히 검토해 보라고 지시했지만 그는 이를 단박에 거절했다.

할 수 없이 부장이 직접 장부를 대조해 보았다. 결국 10분도 채 안 돼 커다란 오류가 발견되었다. 그가 한 숫자 앞에 '2'자를 더하는 바람에 둘 사이의 오차가 무려 10배나 났던 것이다. 그는 부끄러워 고개를 들지 못했고, 부장은 그 즉시 인사부에 연락해 그를 회사에서 내쫓아 버렸다. 그가 통사정을 했지만 아무 소용이 없었다. 그가 회사를 떠나는 날, 회계부 부장은 허심탄회하게 말했다.

"이보게, 자네가 아무리 총명하다고 해도 신이 될 수는 없어. 자만심을 가지는 것쯤은 이해하네. 그런데 업무에 필요한 것은 자만심이 아니라 착실함과 꼼꼼함이야. 작은 숫자라고 우습게 봐서는 안 되네. 회사는 그것 때문에 큰 손해를 볼 수도 있어. 그럼 그건 누가 책임질 건가? 내 나이가 아마도 자네 부친 나이쯤은 될 걸세. 자네를 한 번 봐줄까도 생각했지만 이런 좌절을 지금 겪지 않으면 평생 그 버릇을 고치기 힘들 거야. 이 이후로는 무조건 '문제없어'라고 말하지 말고, 어떤 일이든 스스로 무엇이 잘못됐는지 또 무엇이 부족한지 항상 생각하길 바라네."

결국 그는 보잘것없는 숫자 하나 때문에 좋은 직장을 잃고 말았다. 조금은 억울해 보이기도 하지만 절대 다른 사람을 원망해서는 안 된다. 갈수록 직업에 대한 소명의식을 중시하는 시대에 이처럼 '문제없어'라고 떠들고 다니는 사람은 어딜 가든 환영받지 못한다. 돌이킬 수 없는 실수는 때때로 '문제없어' 때문에 발생하고, 심할 경우는 혹독한 대가를 치르기도 한다.

자이언트 네트워크는 중국에서 가장 주목받는 하이테크 기업이었다. 1991년 중국 주하이珠海에서 이 기업을 창업할 때, 회장 스위주史玉柱는 "자이언트 네트워크는 중국의 IBM이자 동양의 거인이 되겠다"라고 선언했다.

컴퓨터 소프트웨어 개발을 통해 자이언트 네트워크는 연 이윤이 500%나 성장하는 기적을 이뤘고 단박에 주하이 하이테크 산업의 모델로 떠올랐다. 1994년에 스위주는 '중국 10대 개혁자'에 뽑히기도 했다. 그러나 그때 그는 경영 전략상의 중대한 실수를 범했지만 이를 무시하고 맹목적인 확장 전략을 추진하기에 급급했다.

당시 중국 전역에 부동산 열풍이 불자 스위주는 이 기회를 놓치지 않고 부동산 개발에 뛰어들었다. 그는 무려 12억 위안이라는 거금을 투입해 전국에서 가장 높은 자이언트 빌딩을 건설할 계획을 세웠다. 하지만 이후 중국에서 거시적 억제 정책을 추진하는 바람에 회사 자금줄이 꽁꽁 묶여 결국 1996년에 파산하고 말았다.

자이언트 네트워크의 파산은 나폴레옹의 말을 증명하고 있다.

"가장 위험한 순간은 항상 성공했을 때 찾아온다."

커다란 실패 앞에는 거의 비슷한 규모의 성공이 존재한다. 많은 사례들이 '성공은 아주 쉽게 사람의 이성을 앗아가기 때문에 결국 커다란 위기를 부른다'는 것을 증명하고 있다.

삼국시대 때 관우가 수공水攻으로 조조의 대군을 대파했을 때, 깜짝 놀란 조조는 수도를 옮길 생각까지 했다. 하지만 더욱 기고만장해진 관우는 결국 오나라 여몽의 계략에 빠져 전투에서 패하고 목숨까지 잃었다. 한편 명나라 말기의 이자성도 명 왕조를 전복한 후 자만심에 빠져 있다가 만리장성을 넘어온 만주족에게 패하고 말았다.

일본의 와다 가즈오和田一夫 역시 비슷한 실수를 범한 경험이 있다. 그는 '야오한 재팬'의 설립자이다. 그는 '반세기'라는 기간 동안 시골 마을의 야채 가게를 세계 각지에 총 400개의 백화점과 슈퍼마켓 그리고 연 매출액 500억 엔을 돌파한 유통 그룹을 소유한 기업으로 성장시켰다. 그는 여러 자회사 주식을 일본은 물론 싱가포르, 홍콩, 말레이시아 등에 상장하여 전 세계의 관심을 불러일으켜 '세계적인 와다'로 불렸다.

1990년에 가즈오는 야오한 재팬 본사를 홍콩으로 이전했다가 다시 중국의 상하이로 옮겼다. 기업의 고속 성장은 그를 자만심에 빠뜨려 신중한 판단을 방해하고 맹목적인 확장 경영을 추진하도록 만들었다. 그러던 중 위기가 조용히 찾아왔다. 1997년에 야오한 그룹의 핵심 회사인 야오한 재팬이 경영 위기를 맞으면서 부채가 1,600억 엔에 달해 파산을 선포할 수밖에 없었다. 가즈오는 결국 무일푼 신세가 되어 셋방을 전전했다고 한다.

1998년 일흔이 넘은 가즈오는 경영 컨설턴트 회사를 설립하고 자신의 경영 경험과 교훈을 젊은 경영자들에게 전하기로 결심했다.

"내가 회사를 경영하면서 큰 곤란에 빠졌을 때는 방법을 총동원해 어려움을 극복하려고 노력했는데, 사업이 성공했을 때는 오히려 자만심에 빠져 판단 착오를 일으켰습니다. 이렇게 볼 때 사업이 가장 번창할 때가 가장 위험할 때입니다. 실패는 인생의 재산이며 성공은 가장 큰 위기입니다."

한 사상가가 이런 말을 한 적이 있다.

"사람들은 진리가 자기 주변에만 있다고 생각하지, 스스로 진리가 있는 쪽으로 찾아갈 줄 모른다."

많은 사람들이 지나치게 자신감을 가지고 덤비다가 돌부리에 걸려 넘어지곤 한다. 왜냐하면 그들은 늘 승리에 이성을 잃기 때문이며 그들의 머릿속에는 오직 '문제없어'라는 말밖에 들어 있지 않다.

우리는 눈부신 성공을 거두고 나서 문제가 없길 바라서는 안 되며 일상생활에서는 특히 더 그렇다. 인생은 끊임없이 문제를 만나고 발견하고 응시하고 해결하는 과정이다. 지난 문제가 해결되면 또 다시 새로운 문제가 생겨나니 절대 짜증내거나 피하지 마라. 우리가 유일하게 할 수 있는 것은 스스로 문제를 통찰하고 해결하는 능력을 끌어올리는 것이다. 이러한 기반을 다져야만 비로소 자신감을 가질 수 있다.

STORY 2

문제는
성장의 기회이다

••• 'No'라는 말을 들었을 때, 지혜로운 사람은 이를 '복음'으로 여긴다. 정면으로 맞서야만 비로소 진정으로 성장할 수 있다. 문제를 두려워하지 마라. 거부를 당한다고 두려워하지 말라! 상상치 못했던 어려움이 닥치더라도 두려워하지 마라.
'No'라는 말은 우리를 더욱 분발하고 노력하게 만들고, 삶을 더욱 긍정적으로 바꾸게 해준다.

'No'라는 말을 들었을 때, 지혜로운 사람은 이를 '복음'으로 여긴다

남들에게 좋은 말이나 칭찬을 듣고 싶고 비판을 받기 싫은 것은 사람의 공통된 심리이다. 그러나 지혜로운 사람은 남들에게 'No'라는 말을 들으면 종종 이를 성장의 계기로 삼는다.

하라 잇페이原一平는 일본에서 가장 유명한 세일즈맨 가운데 하나이다.

여론에서는 그의 웃음을 '백만 불짜리 미소'라고 평가한다. 그러나 그가 막 세일즈를 시작했을 때는 갖가지 난관에 부딪혔었다. 그는 자서전에서 스스로 성장할 수 있었던 계기 하나를 소개했다.

한번은 그가 한 절에 보험을 판매하러 갔는데 '요시다'라는 스님이 매우 열정적으로 그를 맞이했다. 스님이 인내심 있게 자신의 얘기를 들어주는 걸 본 잇페이는 보험을 팔 수 있게 됐다며 마음속으로 몰래 미소를 지었다. 그런데 그가 가장 기뻐하고 있는 순간, 그 스님이 불쑥 이런 말을 던졌다.

"이보게, 처음 만났을 때 깊은 인상을 심어주는 것이 가장 중요하네. 그렇지 않으면 평생 성공할 수 없지."

의기양양해 있던 잇페이는 스님의 말에 정신이 번쩍 들었다. 그가 스님에게 가르침을 청하자 스님은 그에게 이렇게 조언했다.

"조금의 숨김도 없이 자신을 바라보고 철저히 반성해야만 비로소 자신을 제대로 볼 수 있네."

그 구체적인 방법은 남에게 늘 가르침을 청하는 것이다. 특히 고객에게 말이다.

비록 보험을 팔진 못했지만 잇페이는 인생 최고의 가르침을 얻었다. 그는 즉시 사비를 들여 '하라 잇페이 비판회'를 조직하고 고객들을 초청하여 정기적으로 그들의 의견에 귀 기울였다. 수입이 없어서 설사 물건을 전당포에 맡기는 한이 있어도 그는 '비판회'에 들어가는 돈은 전혀 아끼지 않았다.

고객들이 제기한 의견은 값으로 매길 수 없는 귀중한 자산이었다. 시간이 흐를수록 그는 자신의 약점이 무엇인지 깨달았다. 그는 '비판회' 때마다 껍질이 한 꺼풀씩 벗겨지는 느낌이었다. 그러나 이러한 정기적인 모임을 통해 그는 자신의 나쁜 습성들을 하나하나 제거하기 시작했다.

이후 잇페이의 잠재력은 크게 발휘되었다. 그는 어떻게 하면 약점을 극복하고 결점을 장점으로 바꾸며 고객에게 자연스런 태도로 대하고 미소를 짓는지 등등을 배울 수 있었다. 그러자 그의 실적은 수직 상승하여 회사에서 매주 열리는 실적 평가에서 늘 1등을 놓치지 않았다.

'하라 잇페이 비판회'는 총 6년 동안 지속되었다. 이후 그는 회사에 돈을 지불하고 고객들 사이에서 자신의 인상이 어떤지 조사해달라고 요청했다. 그는 자서전에서 "나는 평생 돈을 들여 산 비판이라는 달콤한 열매를 충분히 누렸다"라고 술회했다.

만약 당시 세일즈에서 실패를 경험하지 않았더라면 잇페이가 큰 충격을 받고 스스로를 바꾸려고 노력했을까? 실패를 겪지 않았다면 그는 어쩌면 '세일즈의 왕'의 자리에 오르지 못했을지도 모른다.

'No'라는 말로 인해 자신의 결점과 약점이 적나라하게 드러나지만 이를 통해 자신의 진짜 모습을 명확히 인식하고 스스로를 끊임없이 향상시키는 계기를 만들 수 있다.

정면으로 맞서야만 비로소 진정으로 성장할 수 있다

누구나 자신의 나약함과 무능함, 유치함을 보길 꺼려한다. 그러나 이런 것들을 피하게 되면 성장에서 점점 더 멀어진다. 정면으로 맞서야만 비로소 진정으로 성장할 수 있다.

근·현대 이래로 인류의 하늘을 찌를 듯한 자신감은 세 차례의 거대한 충격을 경험했다.

첫째, 인류가 사는 지구가 우주의 중심이라는 생각이 코페르니쿠스의 '지동설'에 의해 와르르 무너졌다. 둘째, 인류가 만물의 영장이라는 생각이 다윈에 의해 철저히 무너졌다. 인류는 영장류에서 진화했을 뿐이고 지구 모든 생물의 진화 고리에서 가장 늦게 생긴 생물에 불과하다는 것이다. 셋째, 사람이 자기의식의 주인이라는 생각이 프로이트의 정신 분석학에 의해 무너져 버렸다. 사람의 모든 심리와 행동은 스스로 느끼지 못하는 무의식의 지배를 받는다는 것이다.

이 이론들은 당시에 모두 정통 사상을 위배했다는 혐의를 받아 커다란 파란을 일으켰고, 이를 꿋꿋이 주장한 일부 선각자들은 심지어 목숨을 대가로 내놓기도 했다_{코페르니쿠스보다 앞서 '지동설'을 주장했던 조르다노 브루노는 화형에 처해짐}. 그러나 인류는 점차 이러한 진실들을 받아들인 후 비약적으로 발전했다. 천문학에서의 혁명이 일어난 후 인류는 우주로 진입하게 되었고, 진화론을 연구하고서야 유전자 연구가 가능해졌으며, 무의식 이론으로 정신병을 치료하면서 더욱 건강한 인격을 배양할 수 있었다.

약점을 인정해야만 성장이 가능하다

'미국 역사상 가장 위대한 대통령'으로 불리는 링컨_{Abraham Lincoln}은 젊었을 때 뒷일은 생각하지 않고 남을 비웃고 헐뜯기 좋아하는 단점이 있었다.

한번은 링컨이 '제임스 힐스'라는 사람을 조롱하는 글을 현지 신문에 실었다. 이 기사가 나간 후 화가 머리끝까지 난 힐스는 링컨에게 결투를 신청했다. 결투가 막 벌어지려는 긴박한 순간에 양측 수행원들이 달려와 싸움을 뜯어말려 한쪽이 목숨을 잃을 참변을 막았다.

이 일로 링컨은 크게 깨달은 바가 있었다. 그가 비록 매사에 침착하게 대응했지만 이처럼 생사를 건 결투에 직면해서는 자기도 모르게 무서움에 벌벌 떨었다. 정말 뜻하지 않은 사고라도 발생한다면 가슴에 큰 뜻을 품은 그로서는 정말 무가치한 일이었다.

이 일을 겪은 후 그의 성격은 180도 바뀌어 더 이상 남들을 조롱하거나 헐뜯지 않았다. 훗날 링컨은 진심과 너그러움으로 사람을 대한 위대한 지도자 중 한 명으로 평가받았다.

링컨이 만약 전처럼 거리낌 없이 사람들을 조롱했다면 과연 미국에서 가장 위대한 대통령의 자리에 오를 수 있었을까?

자신의 부정적인 면을 항상 스스로 경계하고 자기계발의 기회로 삼아야 한다.

역경은 사람의 잠재력을 배가하는 원동력이다

사람에게 내재한 잠재력은 역경 속에서 가장 큰 힘을 발휘한다. 또 사람의 발전 능력은 많은 모욕 및 고통과 싸우는 과정에서 더욱 강해진다.

바클라Charles Glover Barkla는 중학교에 들어가면서 과학 실험에 큰 흥미를 느꼈다. 그는 주변의 소개로 어느 실험실에서 실험과 연구를 해도 좋다는 허락을 받아 냈고, 연구원들도 그를 매우 좋아했다. 여름방학 내내 그는 실험실에서 살다시피 하며 장래에 꼭 훌륭한 물리학자나 화학자가 되겠다고 결심했다.

그런데 방학이 끝나기 하루 전날, 바클라는 이 실험실에 투자한 공장 주인의 손자를 만났다. 그 아이는 바클라에게 이곳에 다시는 얼씬도 하지 말라고 경고하고 뺨까지 때렸다. 더욱 화가 났던 건 평소에 자기를 예뻐하던 연구원들까지 태도를 싹 바꾸더니 이를 말리기는커녕 오히려 바클라의 아버지를 불러 그 손자 녀석에게 사과하라고 요구하는 것이었다. 이 일로 바클라는 분에 못 이겨 화병까지 걸렸다.

"자신의 권력을 믿고 남을 못살게 구는 것은 분명 잘못된 일이지만 그렇다고 이 때문에 자신감을 잃어서는 안 된다. 너는 물리학과 화학에서 남보다 뛰어난 재능이 있잖니? 세상은 넓으니 어디서든 훌륭한 업적을 이룰 수 있을 게다."

부모님의 위로에 힘을 얻는 바클라는 반드시 위대한 업적을 달성해 치욕을 씻겠다고 다짐했다. 바클라는 25세 때 영국 과학원 교수로 임명되었고 과거 자신에게 모욕을 주었던 공장주의 손자를 자신의 수업을 듣는 학생으로 다시 만났다. 바클라는 당시의 일을 전혀 따져 묻지 않았고 오히려 그 손자가 스스로 부끄러움을 느끼고 그 수업만 듣고는 다른 학교로 전학을 갔다.

바클라는 28세 때 각 원소는 모두 특징적인 X선 스펙트럼을 발사한다는 사실을 발견했고, 이것으로 그는 1917년 노벨 물리학상을 수상했다.

성공하기 전에 항상 만나게 되는 멸시와 모욕, 부당한 대우는 당사자를 상심하고 분노하게 만든다. 상심하든 분노하든 상관없지만 이것들로는 어떤 문제도 해결할 수 없다. 가장 좋은 방법은 스스로 강한 힘을 키워 자신을 절대 무시할 수 없도록 만드는 것이다.

"모든 장애물은 굳건한 결심을 다지게 하고, 항성恒性, 언제나 변하지 아니하는 성질을 응시하는 사람은 절대 생각을 바꾸지 않는다."

바클라의 성공은 화를 내는 것보다 지지 않으려고 분발하는 것이 낫다는 소박한 진리를 증명한다.

로맹 롤랑Romain Rolland은 이런 명언을 남겼다.

"밑바닥을 경험해 본 사람이라야 신념을 최고의 정신력으로 바꿀 수 있고, 지옥에서 단련한 사람이라야 천국으로 통하는 길을 걸을 수 있다."

문제를 두려워하지 마라. 거부를 당한다고 두려워하지 마라. 상상치 못했던 어려움이 닥치더라도 두려워하지 마라. 문제와 어려움은 성장의 계기이기 때문이다. 'No'라는 말은 우리를 더욱 분발하고 노력하게 만들고, 삶을 더욱 긍정적으로 변화시킨다.

STORY 3

사냥감에서 사냥꾼으로 변신하라

••• 사람과 문제의 관계는 사냥꾼과 사냥감의 관계와 유사하다. 잡아먹지 않으면 잡아먹힌다. 뛰어난 사람은 처음부터 문제를 잘 관찰하고 원만하게 처리할 줄 안다. 작은 실마리라도 절대 놓치지 않고 진지하게 관찰하여 문제가 일어난 근원을 끝까지 찾아낸다면 문제는 바로 해결된다. 문제를 발견하는 것이 문제 해결 능력의 유무보다 더 중요하다.

사람과 문제의 관계는 사냥꾼과 사냥감의 관계와 유사하다. 누가 사냥꾼이고 누가 사냥감이든 잡아먹지 않으면 잡아먹힌다.

가능한 한 문제의 싹부터 잘라라

일본 검술의 달인 츠카하라 보쿠덴塚原卜傳은 아들 셋에게 모두 검술을 가르쳤다. 세 아들의 검술 실력이 어느 정도인지 궁금했던 보쿠덴은 집안 문발에 작은 베개를 매달아 놓고 문을 열면서 조금이라도 문발을 건드리면 베개가 머리로 떨어지도록 장치를 해두었다.

그는 먼저 큰아들에게 들어오라고 일렀다. 큰아들은 방문에 다가왔을 때 이미 베개를 발견하고는 그것을 내려놓고 방 안으로 들어와 다시 원래 위치에 가져다 놓았다. 이어서 둘째 아들이 방으로 들어오면서 문발을 건드렸는데, 그는 베개가 떨어지는 것을 보고 재빨리 손으로 낚아챈 후 여유롭게 제자리에 놓아두었다. 마지막으로 셋째 아들은 황급히 방 안으로 뛰어들었다. 그는 베개가 머리 위로 곧장 떨어지는 것을 보고 다급한 나머지 칼을 휘둘렀고 베개는 두 동강이가 나버렸다.

보쿠덴은 큰아들에게 "너는 이미 검술의 최고 경지에 올랐구나"라고 칭찬한 후, 검 한 자루를 내렸다. 그런 다음 둘째 아들에게는 검술을 좀 더 연마하라고 다그쳤다. 그런데 막내에게는 한바탕 호통을 치더니 보쿠덴가의 수치라며 크게 화를 냈다.

보쿠덴은 어떤 기준으로 세 명의 아들에게 각각 다른 평가를 내렸을까? 그중 하나는 바로 문제에 대한 깨달음이다. 큰아들은 가장 날카로운 사고로 문제를 깨닫고 문제의 싹을 먼저 잘라 버렸다. 둘째는 문제를 늦게 발견했으나 문제가 발생했을 때 매우 현명하게 대처했다. 하지만 막내는 문제를 전혀 발견하지 못했다가 문제가 나타났을 때, 극단적인 응급조치를 취했고, 결국 베지 말았어야 할 베개를 베어 스스로 새로운 문제를 일으키고 말았다. 뛰어난 사람은 늘 처음부터 문제를 잘 관찰하고 원만하게 처리할 줄 안다.

문제의 실마리가 나타났을 때 반드시 꽉 움켜쥐어라

문제가 이렇게 중요하다면 문제의 실마리를 발견했을 때 절대 놓쳐서는 안 된다. 어쩌면 그것은 사람의 주목을 끌지 못하거나 터무니없는 것일 수도 있으니 주의하라.

GM 자동차 흑해 공장의 CEO는 어느 날 불만이 가득한 고객의 편지 한 통을 받았다. 편지 내용이 매우 황당했다. 이 고객은 저녁 식사 후 아이스크림을 꼭 먹는 습관이 있었다. 최근 그가 흑해 공장에서 제조한 신차를 한 대 샀는데, 아이스크림을 사러 가게에 갈 때마다 괴현상이 나타났다. 그가 다른 종류의 아이스크림을 살 때는 아무 일도 일어나지 않았는데, 바닐라 맛 아이스크림만 사면 차에 시동이 안 걸린다는 것이다.

이 CEO는 편지 내용이 거짓말 같았지만 그래도 기술자를 보내 진상을 알아보도록 지시했다. 기술자는 연달아 며칠 동안 지켜본 후 고객의 불만이 사실이었음을 확인했다.

차가 설마 진짜로 바닐라 맛 아이스크림에 과민 반응을 보였단 말인가? 기술자는 물론 이를 믿지 않았고, 시간을 배로 투자해 이 두 가지 사이에 어떤 '신비한 관계'가 있는지 다방면으로 연구하기 시작했다. 그는 연료 주입 날짜, 연료를 주입한 주유소, 왕복 소요 시간 등등 각종 데이터들을 하나하나 철저히 기록했다.

며칠 후 그는 마침내 문제점을 찾아냈다. 차주가 바닐라 맛 아이스크림을 살 때 드는 시간이 다른 아이스크림을 살 때보다 짧았다는 것이다. 이것이 왜 중요할까? 바닐라 맛 아이스크림은 인기 품목이라 진열대 가장 앞쪽에 진열되어 있어서 구매가 매우 쉬웠다. 반면 다른 아이스크림은 진열대 뒤쪽 구석진 곳에 놓여 있어서 점원이 찾는 데 시간이 오래 걸렸다. 기술자는 이를 보고서 문제의 결정적인 원인을 찾아냈다. 바로 차가 정차한 시간이 너무 짧아서 시동이 안 걸렸던 것이다.

이런 현상이 나타나게 된 이유는 바로 '베이퍼 로크' 때문이었다. 차주가 바닐라 맛 아이스크림을 사고 차로 돌아왔을 때 엔진이 너무 과열되어 신차가 순간적으로 증기 폐색을 일으킨 것이다. 그래서 시동이 걸리지 않았던 것이다. 그러나 다른 아이스크림을 살 때는 시간이 상대적으로 오래 걸려 차가 충분히 냉각될 수 있었다.

GM 자동차 흑해 공장은 이 상황을 충분히 숙지하여 그 차를 수리했을 뿐 아니라 다른 차들의 성능도 개선할 수 있었다. '바닐라 맛 아이스크림이 자동차 시동을 걸리지 않게 한' 기이한 사건은 GM 자동차가 시장에서 명성을 누리게 된 원인이 되었다.

문제가 우선이요 해결 능력은 다음이다

먼저 문제를 찾아낸 후 해결 능력이 있는지 따져 보는 것이야말로 창조와 발명의 원동력이다. 이는 문제를 발견하는 것이 문제를 해결하는 것보다 더 중요하다는 사실을 일깨워 준다. 이에 대해 아인슈타인은 매우 중요한 관점을 제시했다.

"문제를 제기하는 것이 문제를 해결하는 것보다 더욱 중요하다. 문제를 해결하는 것은 단지 수학적 혹은 실험적 기능이기 때문이다. 그러나 새로운 문제와 가능성을 제기하는 것은 새로운 각도로 옛 문제를 바라보는 것이므로 창조적인 상상력과 과학으로 대표되는 진정한 발전을 필요로 한다."

벨은 원래 음성학 교수였는데, 우연히 전류가 통하고 끊어질 때 소리가 난다는 사실을 발견했다. 그래서 그는 전류로 언어를 전송하는 전화기를 발명할 수 있지 않을까 생각했다. 그러나 벨의 생각을 들은 사람들은 그를 비웃기만 할 뿐이었다.

"전선이 소리를 전송한다고? 정말 하늘도 놀랠 웃긴 이야기구먼. 자네는 전기학을 잘 몰라서 이렇게 현실과 동떨어진 상상을 하는 거라고."

벨은 실제로 전기학에는 문외한이었다. 그러나 그는 절대 포기하지 않고 워싱턴까지 천릿길을 달려 유명한 물리학자이자 전기학 전문가인 헨리에게 가르침을 청했다. 헨리는 그의 생각에 연신 고개를 끄덕였다. 벨이 현재 자신의 가장 큰 난관은 전기학을 전혀 모르는 것이라고 말하자, 헨리는 단호하게 "그럼 그것을 완벽하게 자네 것으로 만들게"라고 대답했다.

헨리의 조언에 큰 영향을 받은 벨은 당장 교수직을 그만두고 오로지 전화의 시험 제작에 매달렸다. 그는 불과 몇 달 만에 전기학 지식을 완전히 마스터했고 2년 후 세계 최초로 전화 실험에 성공했다.

전기학 지식에 통달한 전문가들도 아닌 일개 음성학 교수인 벨이 전화기를 발명하게 됐을까? 그것은 그가 문제를 발견하고 다른 사람보다 빨리 '시장의 수요'를 알아채고 분투할 목표를 찾았기 때문이다. 관련 지식이야 조금 뒤처지더라도 배우면 그만이다.

어느 방면의 능력을 갖추는 것은 매우 중요하다. 그러나 진정으로 성공을 거두고 싶다면 문제를 포착하는 능력을 반드시 구비해야 한다. 다음은 이와 관련된 대표적인 사례들이다.

- 현대 물리학 창립에 참여한 드브로이는 대학에서 문과 교육을 받았다.
- 허블의 법칙을 발견한 허블 Edwin P. Hubble 은 원래 변호사였다.
- 자동식 전화교환기를 발명한 스트로저 Almon B. Strowger 는 장의사였다.
- 면도기를 발명한 질레트 King Camp Gillette 는 세일즈맨이었다.

문제를 찾는 것이 문제를 해결할 능력의 유무보다 더 중요하다는 점을 꼭 기억하라. 학식과 관련된 것은 실천 과정에서 완벽하게 익히면 되지만 문제를 발견하는 것은 지혜의 출발점이다. 여기서 문제의 가치에 대해 정확히 판단해야 할 뿐만 아니라 문제를 발견하는 것이 바로 나의 문제라는 확고한 책임감으로 문제의 가치를 바라봐야만 한다. 권위를 가진 인물 혹은 자기보다 학식과 능력이 뛰어난 사람이 있건 없건 내가 바로 이 문제를 해결할 수 있는 최고의 적임자라는 마음가짐이 매우 중요하다.

문제를 발견하고 기회를 포착하는 능력이 사명감과 조화를 잘 이루면 처음부터 우세를 점할 수 있다. 출발점에서는 지식의 우위가 없더라도 결국에 최후의 승자는 바로 당신이 될 것이다.

문제를 발견하는 다섯 가지 방법

첫째, '핵심'에서 문제를 찾아라.

핵심은 종종 전체 국면을 지배한다. 그러므로 어떤 점, 어떤 마디, 어떤 지위, 어떤 사람, 어떤 시간이 핵심이 되는지 주의 깊게 살펴라. 핵심을 정확하게 포착하면 문제는 저절로 해결될 수 있다.

둘째, '약점'에서 문제를 찾아라.

고리 10개로 이루어진 쇠사슬이 있는데, 그중 9개의 고리는 100킬로그램의 장력을 견딜 수 있고 나머지 하나는 고작 10킬로그램의 장력밖에 견디지 못한다고 가정하자. 그렇다면 이 쇠사슬이 견딜 수 있는 장력은 가장 약한 10킬로그램짜리 고리로 결정된다. '나무통 원리'도 이와 마찬가지다. 나무통에 물을 얼마나 담을 수 있을지는 가장 긴 나무 막대가 아니라 가장 짧은 나무 막대에 달려 있다.

셋째, '맹점'에서 문제를 찾아라.

맹점은 곧 당신이 소홀히 하고 눈을 돌리지 않는 곳이다. 우리가 소홀히 여겼던 점, 지위, 부서, 작업 과정, 사람, 시간 등에 관심을 가지면 문제를 발견해 내거나 혹은 문제의 발생을 막을 수 있다.

넷째, '특이점'에서 문제를 찾아라.

특이점은 일반적인 것과 다른 것이다. 기이한 현상은 새로운 기회를 제공하고 창조력을 촉발하며 변혁을 가져온다. 반면에 파괴를 불러와 메울 수 없는 손실을 가져오기도 한다.

다섯째, '결합점'에서 문제를 찾아라.

상급과 하급 사이, 가정과 직장 사이, 전후의 작업 과정 사이, 갑과 을 사이, 자기 회사와 다른 회사 사이, 계획의 두 고리 사이 등은 두 사물이 연결된 부분에 속하는 결합점이다. 결합점에서는 문제가 가장 쉽게 표출된다. 왜냐하면 결합점은 정보의 집결지이자 갈등이 집중된 곳, 사람들이 가장 주의를 기울이는 곳이기 때문이다.

이 다섯 가지를 정확히 숙지하면 손실을 부르는 문제를 쉽게 피할 수 있고, 손실을 최대한도로 줄일 수 있다. 게다가 문제를 찾는 데 뛰어난 능력을 발휘하면 새로운 창조와 발견에 한걸음 더 다가갈 수 있다.

STORY 4

위기를
기회로 바꿔라

••• 우수한 사람이나 걸출한 직원은 문제를 매우 원만하게 해결할 뿐만 아니라 위기를 기회로 만들 줄도 안다. 최고 경지의 방법은 단지 문제를 해결하는 데 그치지 않고 문제와 위기를 기회로 전환하는 것이다.

나쁜 일을 좋은 일로 바꿀 수 있다. 위기는 어쩌면 둘도 없는 호기일지도 모른다. 보편적인 위기를 독특한 기회로 만들 수 있다. 부분적인 '부정'을 근본적인 '긍정'으로 바꿀 수 있다.

우수한 사람이나 걸출한 직원은 문제를 두려워하거나 피하지 않는다. 오히려 문제를 쉽게 해결할 뿐만 아니라 위기를 기회로 전환할 줄 안다. '문제보다 해법이 많다'의 최고 경지는 단지 문제를 해결하는 데 그치지 않고 문제와 위기를 기회로 전환하는 것이다.

나쁜 일을 좋은 일로 바꾸기

변증법 논리에 따르면 어떤 일이든 일정한 조건에서는 서로 반대되는 방향으로 바뀔 수 있다. 즉 좋은 일이 나쁜 일로 바뀔 수 있는 것이다. 똑같이 나쁜 일도 좋을 일로 바뀔 수 있다.

수년 전 부동산 회사에서 책임자로 있던 한 친구가 아무 이유 없이 행인에게 얻어맞는 일이 발생했다. 홍콩에 소재한 이 회사는 당시 중국의 안후이성安徽省에 자회사를 차린 상황이었다. 그들은 그곳에 정착한 지 얼마 안 돼 현지 사정에 매우 어두웠다. 알고 보니 현지의 무지막지한 장사꾼이 내 친구가 자기 사업을 가로챘다는 이유를 들어 사람을 고용해 친구를 폭행한 것이었다. 사건 발생 후 이를 어떻게 처리해야 할지를 놓고 직원들 사이에 의견이 분분했다.

현지 직원은 이렇게 설명했다.

"그 사람은 원래 성격이 난폭해서 공연히 생트집 잡기를 좋아합니다. 게다가 현지의 유력자들과 관계가 밀접해서 모두들 두려워하고 있습니다."

이 말에 어떤 이는 외지인이 토박이를 이기기는 불가능하다며 한때의 분을 참으면 모든 일이 순조로울 것이라고 말했다.

그러나 대다수의 직원은 당장 그 사람을 찾아가 책임자를 구타한 사실을 따지자고 목소리를 높였다.

"뭐가 무서워요? 회사에 직원도 많은데 일단 가서 흠씬 두들겨 패고 다시 얘기하죠."

그들이 든 이유는 이 지역 사람들의 성격이 포악하니 어수룩하게 보였다가는 더 큰 봉변을 당할 수 있으므로 본때를 보여 줘야 사업하기도 편하다는 것이었다.

그때 마침 내가 그 지역을 여행하다가 이 상황을 목격했다. 나는 친구에게 말했다.

"이 문제는 반드시 해결을 봐야하지만 무턱대고 처리해서는 안 되네."

그런 다음 상세히 상황 설명을 곁들였다.

"이곳에 투자하려는 외국 상인들에게 자네가 봉변을 당했다는 사실이 알려지면 틀림없이 현지 투자 환경이 악화될 것이므로 시 당국에서는 절대 이 일을 좌시하지는 않을 걸세. 그러니 이 기회를 빌려 시 당국에 이 상황을 알리면 분풀이도 하고 더 좋은 사업 환경도 마련되지 않을까?"

친구는 내 의견을 듣고 즉시 시장에게 장문의 편지를 썼다. 나는 이 도시의 투자 환경이 개선되길 바란다는 말을 꼭 쓰라고 당부했다.

며칠 후 친구에게서 연락이 왔다. 과연 시장이 이 사건을 심각하게 받아들이고 공안국에 철저히 조사하라는 명령을 내렸다는 것이다. 진상 조사 후 공안국에서는 법적 절차에 따라 사람을 때린 이 장사꾼을 구류형에 처했다. 뿐만 아니라 시장은 이를 구실로 투자 환경 개선에 매진하여 현지 신문에 전면적인 투자 환경 개선을 위한 토론회를 진행하도록 했다.

주목할 일은 친구를 때린 그 장사꾼이 풀려난 후 무슨 의도였는지는 모르지만 영양제를 사들고 내 친구를 찾아왔다는 것이다. 겸손하고 공손하며 예의 바른 게 전혀 딴사람 같았다.

이 문제의 발생과 처리를 분석해보면 다음의 교훈을 얻을 수 있다.

- 아무리 삶을 계획적으로 잘 설계해도 문제는 꼭 일어나기 마련이다.
- 문제가 언제 일어날지 알 수는 없지만 효과적인 방법을 통해 충분히 해결할 수 있다.
- 같은 문제를 놓고 서로 다른 처리 방법이 대립할 때는 가장 건설적인 것을 택하라.
- 나쁜 일도 언젠가는 좋은 일로 바뀔 수 있다.

위기는 둘도 없는 기회이다

누구에게 물어봐도 위기가 나타나면 두렵다고 말한다. 그러나 이를 잘 극복한다면 당신에게 둘도 없는 좋은 기회가 될 것이다.

내 강의의 수강생인 아윈의 이야기를 들려주고자 한다.

아윈은 대학 졸업 후 어느 회사의 문서 담당 직원으로 취직했다. 그런데 일한 지 얼마 되지 않아 회사가 투자 실수를 저질러 그만 도산에 직면했다. 회사에서 대량으로 인원 감축에 나서자 점점 좌불안석이 된 직원들은 다른 일자리를 찾아 잇달아 직장을 옮겼다. 심지어 사장 비서도 그를 버리고 떠났다.

오직 아윈만이 전처럼 수고를 마다않고 한마디 불평도 없이 열심히 일했다. 사장 비서가 그만둔 후에는 그녀가 알아서 사장을 도와 각종 일들을 도맡아 처리했다. 그녀의 노력에도 불구하고 결국 회사는 도산했고 그녀는 그 회사를 떠날 수밖에 없었다.

  사장은 예순을 넘긴 학자 출신으로 사업 경험이 부족한 탓에 실패를 겪고 말았다. 사장은 마음속으로 크게 상심했지만 아윈이 보여 준 열정에 크게 감격해 회사를 청산한 후, 반년 치 월급을 지급했을 뿐 아니라 그녀에게 좋은 직장을 소개시켜 주려고 애썼다. 얼마 후 사장의 제자 하나가 미국에서 유학하고 돌아와 베이징에 회사를 차리면서 그 사장에게 좋은 인재가 있으면 추천해달라고 부탁했다. 사장은 조금도 주저하지 않고 아윈을 추천했다.

  아윈은 회사 설립 초기부터 두터운 신임을 받았고 그녀 역시 열심히 일했다. 부주임부터 시작한 그녀는 채 2년도 되지 않아 이 회사의 인사와 행정을 담당하는 부사장으로 승진했다.

  한번은 회사에서 영업 이사를 채용하는데, 응시자 가운데 뜻밖에도 아윈의 전 회사의 부사장도 있었다. 도산 후 회사를 떠난 부사장은 여태껏 좋은 직장을 구하지 못하고 있었다. 그는 자신의 운명을 결정할 면접관 자리에 전에는 거들떠보지도 않았던 문서 담당 직원이 떡하니 앉아 있는 것을 보고 깜짝 놀랐다. 그는 자기도 모르게 탄성을 내뱉더니 인생에서 대단히 중요한 수업을 받았다고 말하며 이렇게 혼잣말을 했다.

  "위기가 닥쳤을 때 어리석은 사람은 재난이라고 생각하지만 똑똑한 사람은 이를 기회로 여기는구나!"

보편적인 위기를 독특한 기회로 만들어라

성공한 사람들에게는 기회가 없는 곳이란 없다. 이는 그들이 일반적인 상황에서 기회를 포착하는 후각이 매우 뛰어날 것뿐 아니라 위기 속에서도 기회를 캐내는 능력이 탁월하다. 그중에는 자신을 포함한 모든 사람에게 영향을 미치는 보편적인 위기를 자신의 독특한 기회로 바꾸는 것도 포함된다.

회사가 곧 쓰러지려 하는 것은 모든 직원에게 위기이다. 그러나 젊은 아원은 오히려 자신의 인품과 지혜에 힘입어 위기를 자신만의 독특한 기회로 바꾸었다. 사실 이러한 기적은 일반 사원에게만 일어나는 것이 아니다. 위기를 기회로 바꾸겠다는 의식만 가진다면 간부급들도 충분히 실천할 수 있다.

카네기가 철강 회사를 막 시작했을 때 이야기다. 그는 줄곧 원대한 포부를 가지고 자신의 회사를 최고의 철강 회사로 만들겠다고 다짐했지만 바람이 이루어지지 않았다. 훗날 미국에서 전국적으로 파업 물결이 일어 카네기의 회사를 포함한 모든 철강 회사가 큰 타격을 입었다. 그러나 카네기는 오히려 이를 기회로 여기고 적극적으로 문제 해결에 나서 빠른 시간 안에 파업에서 벗어났다.

그는 파업 문제를 해결함과 동시에 적극적으로 자금 확보에 나섰다. 이러한 기반이 쌓이자 그는 경쟁 상대를 면밀히 검토하고 파업으로 곧

경에 빠진 회사들을 하나하나 합병하기 시작했다. 이에 카네기의 회사는 눈부신 발전을 이룩해 전국 시장 점유율을 14%에서 33%로 끌어올렸다. 얼마 후 그는 회사명을 'US스틸'로 바꾸고 세계 최대 규모의 철강 회사로 우뚝 자리매김했다.

카네기의 성공은 월스트리트 주식 시장의 명언을 증명하고 있다.

"소는 당연히 돈을 딴다. 심지어 곰도 돈을 딸 수 있다. 그러나 돼지는 반드시 돈을 잃는다."

카네기의 성공은 우리에게 다음과 같은 이치를 알려준다.

"모든 사람이 똑같은 어려움과 문제를 만났을 때, 다른 사람보다 먼저 어려움을 극복하고 난제를 풀 수 있다면, 보편적인 어려움과 문제는 탁월하고 독특한 호기가 될 수 있다."

부분적인 '부정'을 근본적인 '긍정'으로 바꿔라

본래 이쪽 방향으로 노력을 기울였는데 뜻밖에 다른 결과가 나오고, 심지어 당초 목표와는 정반대의 결과가 빚어지기도 한다. 이런 결과를 만났을 때 대부분의 사람은 분명 실패했다고 여길 것이다. 그러나 창의적인 생각으로 충만한 사람은 실패로 보이는 이 결과에 대해 분석과 연구를 진행하여 기적을 창출한다. 당초의 '부정'이 '긍정'으로 바뀌고, 문제가 기회로 변한다.

스펜서는 3M사의 연구원이었다. 한번은 그가 초강력 접착제 연구 개발 사업에 참여했는데, 원하는 접착제는 제조하지 못하고 도리어 가장 점도가 약한 접착제를 만들고 말았다. 회사에서는 이를 쓸모없다고 여기고 폐기 처분했다. 그러나 스펜서는 기죽지 않았다. 비록 지금은 그것의 용도가 떠오르지 않지만 분명 사람들에게 도움이 될 것이라고 생각했다.

마침 그때 그의 친구 하나가 시 낭송반에 들어갔는데, 자기가 부를 시 부분을 쉽게 찾기 위해 항상 작은 종이쪽지를 노래책 사이에 끼워 넣는 것이었다. 그러나 종이쪽지는 금방 바닥으로 떨어졌다. 이때 스펜서의 머리에 기발한 생각이 스쳐 갔다. 자기가 개발한 가장 점도가 약한 접착제를 점성 책갈피로 써 보자는 아이디어였다. 그것을 작은 종이쪽지에 바르면 떨어지지 않는 책갈피로 쓸 수 있을 뿐 아니라 떼기도 편해 노래책을 상할 염려도 없었다. 이것이 바로 '포스트잇'의 발명이었다.

이 제품은 출시되자마자 미국 전역을 강타했고 세계적으로 열풍이 불었다. 많은 사람들은 압핀이나 클립을 버리고 편리하면서도 빠른 포스트잇을 사용했다.

원래 초강력 접착제를 연구 제작하려 했지만 정반대로 점도가 가장 약한 접착제라는 결과가 나왔다. 보통 사람들의 눈에 이는 분명 실패이다. 그러나 원래의 연구 목적을 뛰어넘어 현재의 결과를 어떻게 이용할지 고민한 스펜서는 예상 밖의 시장을 얻는 결실을 맺었다. 이것이야말로 부분적인 부정을 근본적인 긍정으로 바꾼 사례라고 할 수 있다.

STORY 5

'V형 사고'로
누구나 창조자와 창업자가 될 수 있다

••• 'V형 사고'란 문제를 기회로 바꾸는 사고로, 특히 누구나 창조자와 창업자가 될 수 있는 마인드를 가리킨다. 내가 창조한 것은 나에게 가장 필요한 것이다. 내가 팔려는 물건은 내가 가장 갖고 싶은 물건이다.

'V형 사고'는 문제를 기회로 바꿀 수 있도록 도와주는 사고법으로 이를 통해 누구나 창조자와 창업자의 사고를 가질 수 있다.

창조와 창업에 대해 언급하면 많은 사람들이 고개를 갸웃할지도 모른다. '그게 가능해요? 나한테 그런 기회와 능력이 있을까요?' 분명히 말하지만, 이 사고를 완벽히 자기 것으로 소화한다면 성공한 창조자와 창업자가 될 수 있다.

나는 일찍이 캐나다에서 창업한 양씨 성을 가진 화교 기업인을 만난 적이 있다. 그런데 그의 창업 과정이 무척 흥미로웠다. 첫 자금은 이렇게 마련한 것이었다.

20여 년 전 그가 아직 대학을 다닐 때, 저녁에 침대에서 일어나다가 그만 보온병을 바닥에 떨어뜨려 보온병 안에 들어 있는 내병內甁이 산산조각 나고 말았다. 이튿날 그는 보온병의 내병을 바꾸러 학교 상점에 갔는데, 점원은 그것만 따로 팔지 않고 아예 보온병을 새로 사야 된다고 말하는 것이었다. 그는 점원에게 그 이유를 따졌다가 오히려 욕만 된통 먹고 말았다.

화가 난 그는 교장에게 편지를 쓰기로 마음먹었다. 편지를 어떻게 써야 좋을지 골똘히 고민하던 순간, 갑자기 아이디어 하나가 떠올랐다.

'학교 상점에 그 내병이 없다면, 왜 이 장사를 해볼 생각을 안 했던 거지? 학교 안에 분명 나처럼 그것이 깨지고도 보상을 못 받은 친구들이 많을 거야. 이건 꽤 짭짤한 장사가 되겠는 걸!'

쇠뿔도 단김에 빼랬다고 그는 5킬로미터나 떨어진 시내로 바로 달려가 내병 20개를 도매로 구입해 식당 앞에 좌판을 벌여 놓았는데, 순식간에 동이 나버렸다. 곧바로 들여온 80개도 금방 다 팔렸다. 이렇게 되자 의욕이 넘친 그는 계속해서 물건을 들여와 팔았고, 학생 몇 명을 고용해 인근 대학에까지 판매에 나섰다. 한 학기가 지난 후 그는 무려 1,000위안이나 벌어들였다.

1980년대 초에 1,000위안이란 돈은 적지 않은 자금이었다. 당시 학생의 한 달 용돈이 평균 20위안 하던 시절이었으니 말이다. 그야말로 그는 학생들 사이에서 '백만장자'나 다름없었다. 이후로 그는 창업의 길을 걸어 현재 10억 위안이 넘는 자산을 보유한 대기업의 경영자로 성장했다.

양 선생의 사고방식이 바로 전형적인 V형 사고이다. 이런 창조적 사고는 과학 발명을 하든, 사업 확장을 하든, 다른 중요한 문제를 해결하든 어디에나 꼭 필요한 것이다.

V형 사고는 특별한 사고 변환 과정에서 수립되며, 방향을 틀어서 생각하는 기초 위에서 성립된다. 그 특징은 알파벳 'V'자로 표시할 수 있다.

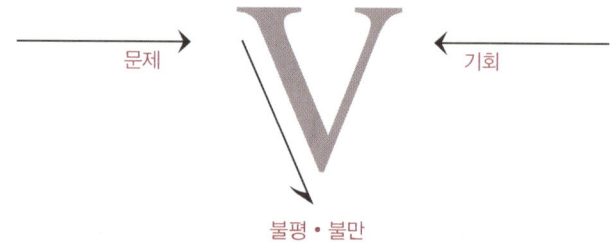

V라는 알파벳은 매우 생생하게 '방향을 트는' 사고의 적극적 의미를 표현하고 있다. 왼쪽 절반은 아래로 향하고 있고, 오른쪽 절반은 위로 향하고 있다. 왼쪽의 추세를 보면 본래는 아래로 내려가고 있지만 끝부분에서 하락을 멈추고 다시 위로 올라간다. 이는 소극적 상태에서 적극적 상태로 바뀌는 전환점이다.

위 그림에 화살표 세 개가 있다. 왼쪽에서 오른쪽으로 난 첫 번째 화살표는 문제를 대표한다. 왼쪽 위에서 오른쪽 아래로 사선으로 난 화살표는 문제의 확대 및 당사자의 소극적인 영향을 대표한다. 불평이나 불만 같은 감정의 지배를 받으면 필연적으로 일을 포기하게 된다. V의 끝부분은 불평과 불만의 종식을 대표한다. 오른쪽의 화살표는 이 문제들이 가져온 기회와 적극적인 창조력 발휘를 대표한다.

문제를 기회로 바꾸는 관건에는 몇 가지가 있다.

- 문제가 닥쳤을 때, 가능한 한 빨리 불평을 털어 버려라.
- 새로운 변화를 중시하고 스스로에게 물어라. "이 변화가 좋든 나쁘든 그 안에서 내가 중시하는 새로운 요소로 있을까?"
- 본인에게 자문하라. "새로운 요소가 나에게 신천지를 열어줄 수 있을까? 나에게 참신한 기회를 가져다줄까?"

V는 승리를 뜻하는 'Victory'를 가리키는데, 재미있는 사실은 사람들은 V자를 그리며 승리를 표시한다는 것이다. V형 사고를 가지면 누구든 창조자가 될 수 있다. 일상생활 속의 각종 불편함은 이런 변화로 인해 대단한 창조로 변신할 수 있다.

그린우드Chester Greenwood가 처음 스케이트를 타러 나갔을 때, 날씨가 너무 추워서 귀가 바람에 에는 듯이 아팠다. 당시 겨우 열다섯 살이던 그는 귀를 가릴 귀마개가 있었으면 좋겠다는 생각이 들었다. 집으로 돌아온 그는 엄마에게 자기 생각을 얘기하고 솜으로 된 귀마개를 만들어달라고 부탁했다. 후에 귀마개를 하고 스케이트를 탔더니 귀가 전혀 시리지 않았다. 친구들이 이를 보고 모두 그에게 귀마개를 얻어달라고 부탁했다.

그린우드는 집으로 돌아와 엄마와 의논하고 귀마개 장사를 시작하기로 결정했다. 여기에 할머니에게까지 도움을 청해 몇 번의 시행착오를 거친 끝에 정말 멋진 귀마개를 만들었다. 그린우드는 귀마개에 '그린우드의 귀 보호 챔피언'이란 이름을 붙이고 미국 특허청에 특허를 신청했다. 이를 통해 그린우드는 순식간에 백만장자가 되었다.

간혹 매우 귀찮고 싫은 일을 만났을 때가 쉽게 얻기 힘든 창조와 창업의 기회가 될 수 있다. 이것의 핵심은 바로 '내가 팔려는 물건이 내가 가장 필요로 하는 물건'이라는 생각이다.

하워드 헤드 Howad Head는 천성적으로 놀기를 좋아해 모든 스포츠를 즐겼지만 유독 스키 타는 것을 싫어했다. 그가 이 스포츠를 싫어한 건 아니었고 다만 길고 육중한 스키가 싫었던 것이다.

한번은 찝찝한 기분으로 스키를 탄 후 평생 스키를 타지 않겠다고 결심했다. 그런데 집으로 돌아오는 길에 그는 갑자기 생각이 바뀌었다.

'솔직히 난 스키 타는 걸 무척 좋아하는데, 단지 스키 모양 때문에 이 재밌는 운동을 포기하려는 거잖아. 그럼 스키를 다르게 만들어 볼 수는 없을까? 나 같은 사람이 분명 많을 테니 가볍고 편리한 스키를 발명하면 시장성이 충분이 있을 거야.'

그는 수년 동안의 노력 끝에 새로운 스키를 만드는 데 성공했다. 그는 '헤드스키 Head Ski Company'를 설립하고 스키를 판매했을 뿐 아니라 특허를 빌려 주고 돈도 벌었다. 그중 AMF 사는 그에게 특허권을 빌린 후 사업이 번창해 450만 달러의 특허권 사용료를 지불했다. 이번 성공으로 기분이 고무된 그는 또 다른 발명품을 만들고 싶어졌다.

그는 테니스를 무척 좋아했지만 실력은 형편없었다. 이유는 테니스 라켓이 너무 비과학적으로 만들어졌기 때문이다. 그는 '스스로 비과학적으로 느꼈다면 왜 바꿀 생각을 안 하는 것일까?'라고 생각했다.

그는 테니스 라켓 연구에 몰두하여 신제품을 시장에 내놓았다. 이번에도 역시 반응이 뜨거웠다. ITF국제테니스연맹에서는 이를 '테니스 역사상 가장 위대한 혁명'이라고 칭송했고, 『스포츠 일러스트레이티드』지 역시 '테니스 역사상 가장 성공적인 혁신'이라고 칭찬을 아끼지 않았다.

하워드 헤드의 창조는 내가 팔려는 물건이 내가 가장 필요로 하는 물건이라는 사고방식의 전형적인 사례이다. 여기서 그의 성공을 한번 분석해보자.

- **문제** : 스키가 너무 무서워서 다시는 스키를 타고 싶은 마음이 들지 않았다.
- **불평** : 제길, 괜한 돈 들여서 비싼 스키를 사다니.
- **소극적 조치** : 놀 거리가 얼마나 많은데 꼭 스키를 탈 필요가 있겠어?
- **불평 중단** : 혹시 내가 새로운 것을 만들 만한 거리가 없을까?
- **기회 포착** : 스키가 맘에 안 들면 고치면 되잖아? 그러면 다시 스키를 탈 수 있고. 나처럼 생각하는 사람이 분명 적지 않을 테니 새로

운 스키를 내놓으면 시장성도 충분할 거야.
- **결론** : 남들이 전혀 생각지 못한 큰 시장을 내가 발견한 거야.
- **적극적 조치** : 스스로 발 벗고 나서서 새로운 것을 창조해보자.
- **효과** : 나 하워드 헤드는 이 방면에서 선구적 창조자가 되었고, 가장 이상적인 창업 기회도 잡았어!

이러한 분석을 통해 V형 사고가 왜 누구나 창조자와 창업자가 될 수 있는 사고인지 깨달아야만 한다.

- 어떤 문제가 당신에게 닥쳤을 때, 누구보다 먼저 이를 개선하고 창조할 필요를 느낄 수 있다.
- 당신과 똑같은 필요성을 느끼는 사람이 분명 적지 않을 것이므로 시장이 매우 넓다는 사실을 확실하게 깨우쳐야 한다.
- 당신이 가장 먼저 이 문제가 곧 새로운 기회임을 깨달았기 때문에 이 분야에서는 이치상 당연히 당신이 선구자가 될 수 있다. 다른 사람이 당신을 따라오려 할 때는 이미 때가 늦은 것이다.

다시 한 번 이 말을 머릿속에 꼭 담아 두길 바란다.
"내가 창조한 것은 나에게 가장 필요한 것이다. 내가 팔려는 물건은 내가 가장 갖고 싶은 물건이다."

문제보다 해법이 많다

초판 1쇄 인쇄 2010년 10월 5일
초판 1쇄 발행 2010년 10월 15일

지은이 우간린吳甘霖
옮긴이 류방승
편　집 신주식
펴낸이 김연홍
펴낸곳 아라크네

출판등록 1999년 10월 12일 제2-2945호
주소 121-865 서울시 마포구 연남동 224-57
전화 02-334-3887 **팩스** 02-334-2068

ISBN 978-89-92449-61-8 13320
※ 잘못된 책은 바꾸어 드립니다.
※ 값은 뒤표지에 있습니다.

앞으로의 5년이 당신의 인생을 좌우한다

성공한 사람들이 발견한 도약의 키워드
마법의 5년
문준호 지음
272쪽 | 12,000원

질문 하나를 던져보자. '5년 전과 비교해 볼 때 나는 지금 어느 지점에 와 있는가.' 이 책의 저자는 "5년을 어떻게 보내느냐에 따라 당신의 인생이 180도 달라질 수 있다"고 목청을 높인다. 저자는 5년 단위 도약의 비결을 네 가지로 압축한다. ▲꿈의 시각화→명확한 목표 설정 ▲이겨 놓고 승부하기→전략적 사고 ▲절실함→실행 ▲퍼스트 펭귄의 법칙→자기관리 등이다. '자신만의 꽃밭'을 가꾸려는 이에게 매우 유용할 자기계발서다.
– 조선일보

평범한 신입사원으로 시작한 직장인이 원하는 바를 이루기 위해 꼭 알아둬야 할 도약 키워드를 알려준다. 저자는 자신의 경험과 롤 모델 사례를 들며 목표 설정, 전략적 사고, 실행, 자기관리 분야에서 효과를 볼 수 있는 네 가지 전략을 설명한다. 또 자신의 꿈을 제대로 알고 성공 스토리를 만들 수 있는 방법이 들어 있는데, 명쾌한 행동 지침을 함께 제시해 좀 더 수월하게 개개인에게 적용해볼 수 있도록 했다.
– 매일경제

신입사원이 목표 설정, 전략적 사고, 자기관리 등 구체적 전략을 통해 기회를 놓치지 않고 원하는 바를 이룰 수 있는 성공법을 자세한 사례로 소개한다.
– 한국경제

어느 학교에서도,
어떤 회사에서도
절대 가르쳐주지 않는
협상의 비법

세계가 인정한 협상 교과서
리 웨이시엔 지음 | 박지민 옮김
272쪽 | 12,000원

정당한 상황이라도
요구하지 않으면
아무것도 얻을 수 없고,
무리한 상황이라도
무엇인가 요구하면
얻을 수 있다!

일상은 협상의 연속이다. 친구 사이, 가족 간, 회사와 회사 사이에 매일 크고 작은 협상이 벌어진다. 대만 출신 관리학 박사인 저자는 협상에 필요한 준비 단계부터 협상의 마무리에 이르기까지 자신의 경험을 토대로 협상의 기술을 소개한다. 그는 뛰어난 협상가가 되기 위한 자질로 △좀 더 많은 정보를 발굴하려는 의지 △남보다 강한 인내심 △높은 가격과 좋은 조건을 말할 수 있는 배짱 △서로 윈윈을 추구하는 정직한 태도 등을 꼽는다.
저자는 또 협상 과정에서 명심해야 할 사항으로 △사람마다 다른 특징을 파악하라 △각각의 입장이 다름을 인정하라 △상대방이 승리자라는 느낌을 갖게 하라 △해결 안 되는 의제에만 집중하지 말고 다른 것부터 먼저 해결하라 △상대방의 목표 달성을 돕게 되면 자신의 이익은 잃는다고 생각하지 마라 △작은 선물을 통해 관계를 긴밀히 맺어라 등을 강조한다.
— 동아일보

미국인들은 외국 바이어와 협상할 때 직접적으로 접근한다. 회사의 매출이나 판매 단가 등을 직접적으로 묻는다. 그들은 단독 협상을 좋아한다. 또 상대방의 국적과 상관없이 영어를 사용한다. 타이완 출신의 전문가가 각종 협상에서 목적한 바를 이뤄내는 전략을 조목조목 짚어냈다.
— 조선일보